ESOTERISCHES
WISSEN

Linda Georgian

Gespräche nach dem Tode

Trost und Hoffnung aus der anderen Welt

Aus dem Amerikanischen
von Angelika Hansen

WILHELM HEYNE VERLAG
MÜNCHEN

HEYNE ESOTERISCHES WISSEN
Herausgegeben von Michael Görden
08/9724

Umwelthinweis:
Dieses Buch wurde auf umwelt- und säurefreies Papier gedruckt

Ich widme dieses Buch allen, die einen lieben Menschen verloren haben. Möge es dazu beitragen, die Kluft zu schließen zwischen dieser Welt und der nächsten sowie den Trauernden Trost zu spenden und ihnen die beruhigende Tatsache zu vermitteln, daß ihre Beziehungen mit denen, die im Jenseits weilen, nach wie vor bestehen und bewußt fortgesetzt werden können.

Inhalt

8

Einführung

Vor einiger Zeit hörte ich von einer außergewöhnlichen Gruppe von Frauen. Obwohl ihre Geschichte mit Schmerz und Trauer beginnt, endet sie mit der besonderen Freude, die durch spirituelle Erlebnisse in unser Leben gebracht wird.

Diese Gruppe war nicht formell gegründet worden, sondern entwickelte sich im Laufe der Zeit in einem Vorort einer Stadt in Neuengland, als eine Freundin nach der anderen Witwe wurde.

Zunächst waren es zwei Frauen in ihren Sechzigern, die nach dem Tod ihrer Ehemänner begannen, mehr Zeit miteinander zu verbringen. Es war ein besonderer Trost für die Frauen, in ihrer Trauer nicht allein zu sein, sondern jemanden um sich zu haben, der ihren besonderen Kummer teilte und verstand. Sie gingen zusammen zum Essen, schauten sich Filme an oder gingen ins Theater und hielten sich über ihre Kinder und Enkelkinder auf dem laufenden. Natürlich sprachen sie auch oft über ihre verstorbenen Lebenspartner. Bald gesellte sich eine dritte Frau zu ihnen, die kurz zuvor Witwe geworden war, und beteiligte sich an den gemeinsamen Unternehmungen. Es dauerte nicht lange, und die Gruppe setzte sich aus sechs Frauen zusammen, die – wenn sie über ihre Gatten sprachen – nicht nur ihre Trauer und die Erinnerungen an Familiengeschichten teilten, sondern auch das eine oder andere Geheimnis, das sie Außenstehenden aus Angst vor Unverständnis und Ablehnung nie zu erzählen gewagt hätten.

»Seit dem Tode meines Mannes waren beinahe zwei Jahre vergangen, und ich war bereit, einen neuen Mann in mein Leben zu lassen«, vertraute eine Frau (wir wollen sie Anne nennen) ihren Freundinnen an. »Doch hatte ich starke Schuldgefühle, weil wir doch mehr als 40 Jahre verheiratet gewesen waren und schon der Blickkontakt mit einem anderen Mann mir wie ein Betrug vorkam. Also entschloß ich mich eines Morgens beim Bettenmachen, mit meinem verstorbenen Mann zu sprechen und ihm zu erklären, daß es für mich an der Zeit wäre, wieder mal mit einem Mann auszugehen. Und wohl auch, um seine Erlaubnis dafür einzuholen.«

Sie schüttelte die Kopfkissen auf, breitete die Tagesdecke auf dem Bett aus und sprach währenddessen laut zu ihrem toten Mann, wobei sie ihm mitteilte, daß sie ihn immer lieben würde, aber dennoch bald bereit sei, andere Männer kennenzulernen.

»Ich fragte ihn, ob er damit einverstanden sei«, fuhr Anne fort. »Und ich bat ihn, mir ein Zeichen zukommen zu lassen. Kurz darauf verließ ich das Haus, um ein paar Einkäufe zu machen. Als ich eine Stunde später zurückkam, ging ich in unser Schlafzimmer – ich betrachtete es immer noch als *unser* Schlafzimmer –, legte meine Tasche auf die Kommode, schaute in den Spiegel und sah darin das Bett.

Die Matratze war zur Hälfte über den Bettrahmen gerutscht! Ich kam zuerst gar nicht auf die Idee, daß jemand während meiner Abwesenheit eingebrochen haben könnte – obwohl ich vorsichtshalber später nachschaute und feststellte, daß nichts fehlte und weder Fenster noch Türen offen waren. Ich wußte sofort, daß *er* irgendwie die Matratze bewegt hatte, als wollte er mir zu verstehen geben: ›He, das hier ist immer noch mein Bett, und ich will nicht, daß du es mit einem anderen teilst!‹«

Der Anblick der verrutschten Matratze, die halb aus dem Bett hing, brachte Anne zum Lachen und bewies ihr die Gegenwart ihres Mannes und seine unveränderliche Liebe zu ihr. Nach einiger Zeit jedoch ging sie zum ersten Mal wieder mit einem Mann aus, und schließlich heiratete sie zum zweiten Mal.

Anne war die erste in der Gruppe, die von einem solchen Erlebnis berichtete, doch waren die anderen Frauen nicht schockiert. Im Gegenteil – jede einzelne von ihnen hatte eine ähnliche Erfahrung gemacht und Kontakt mit ihrem verstorbenen Ehemann gehabt, und eine nach der anderen erzählten sie ihre Geschichten.

Die Tatsache, daß Anne und ihre Freundinnen mit ihren Lieben in der jenseitigen Welt kommuniziert hatten, verringerte ihren Schmerz. Und als die Frauen einander in jener Nacht ihre Geschichten erzählten und jede bei den anderen auf Verständnis und Mitgefühl stieß, erleichterte es ihre Trauer und half ihnen in den nächsten Wochen und Monaten, besser mit ihrem Verlust fertig zu werden.

Wir alle erfahren irgendwann Verlust und Trauer. Selbst wenn ein geliebter Mensch erst im Alter von 120 Jahren von uns geht, ist uns das noch zu früh.

Mein Ziel beim Schreiben dieses Buches war es, Trost und Hoffnung zu spenden und eine *Wahrheit* aufzuzeigen: Unser Leben geht nach dem Tod weiter. Zweifellos in einer anderen Dimension, doch es geht weiter.

Dieses Buch soll ein Wegweiser zu einigen grundsätzlichen Prinzipien und Techniken sein – für alle, die empfänglicher für die Kommunikation und die Kontaktmöglichkeiten zwischen den verschiedenen Realitätsebenen und Dimensionen werden wollen. Sie werden erfahren, wie einfach und natürlich diese Vorgänge sind, wenn Sie auf den folgenden Seiten die Erlebnisse lesen.

Wir können zwar die Verstorbenen nicht ins Leben zurückholen, doch ist es uns möglich, die Trauer und den Schmerz über unseren Verlust zu erleichtern. Wenn wir verstehen, wohin unsere Lieben gegangen sind, worin ihre Aufgaben in ihrer neuen Umgebung bestehen und wie wir unsere Kommunikation mit ihnen fortsetzen können, werden Trauer und Schmerz der Freude und Dankbarkeit weichen.

Viele großangelegte Umfragen in den USA zum Beispiel zeigen, daß die Mehrzahl der Amerikaner (ca. 66%) an ein Leben nach dem Tod glaubt. Forscher an der *Eastern Virginia Medical School* haben 1995 festgestellt, daß 40% der befragten Personen das Gefühl haben, mit ihren verstorbenen Freunden und Verwandten in Verbindung zu sein. Das *National Opinion Research Council* der Universität von Chicago berichtet, daß 42% aller Amerikaner glauben, schon einmal Kontakt mit einem Verstorbenen gehabt zu haben.

Es ist keine Frage, daß viele von uns bereits Jenseitskontakte hatten, und selbst die größten Skeptiker lassen sich überzeugen, wenn sie erst einmal selbst ein solches Erlebnis hatten.

Wie sieht das Leben in jener anderen Dimension aus? Jede Kultur und jede Tradition, selbst die heutige Wissenschaft, hat davon ihre eigenen Vorstellungen. Doch habe ich festgestellt, daß die verschiedenen Theorien und Glaubenssysteme viele gemeinsame Faktoren aufweisen.

Im ersten Teil dieses Buches werden wir uns einige dieser Konzepte vom Leben nach dem Tod anschauen, aus der Sicht der östlichen und westlichen Philosophien, der großen Weltreligionen und der Lehren sogenannter »primitiver« eingeborener Völker und Stammeskulturen.

Im zweiten Teil werden wir etwas über die praktische Anwendung der Kommunikation mit dem Jenseits erfahren: warum Menschen mit Verstorbenen in der anderen Dimension Kontakt aufnehmen, und warum jene mit uns in Verbindung bleiben wollen, und wie Sie diese Art der Kommunikation aufnehmen, empfangen und interpretieren. Um diese wichtigen Schritte anschaulich zu machen, haben Dutzende von Menschen hier ihre Erlebnisse wiedergegeben, und auch ich werde ein paar meiner eigenen Erfahrungen beschreiben.

In letzter Zeit kann man immer wieder Berichte über Nahtod-Erlebnisse und außerkörperliche Erfahrungen lesen. Die Berichte derjenigen, die solche Erlebnisse hatten, und die Forschungen auf diesem Gebiet sind die wichtigsten Quellen unseres derzeitigen Wissens über das Leben nach dem Tod.

Die entsprechenden Informationen wurden uns von Personen mitgeteilt, die klinisch tot waren und wiederbelebt wurden, oder von jenen, die in einem Zustand tiefer Meditation oder veränderten Bewußtseins die Trennung von Körper und Geist erfahren haben, die es der Seele ermöglicht, in andere Dimensionen zu reisen.

In diesem Buch werden wir uns verschiedene Informationen anschauen, die durch solche Phänomene gewonnen wurden.

Meine Beschäftigung mit Spiritualität und die Fähigkeit, Erfahrungen jenseits meiner fünf Sinne zu machen – ein Geschenk, für das ich aus tiefstem Herzen dankbar bin – ,haben seit frühester Kindheit eine zentrale Rolle in meinem Leben gespielt.

Die Kommunikation mit Verstorbenen erschien mir stets so natürlich wie die Beziehungen zu meiner Familie und zu meinen Freunden, die noch auf der Erde leben. Dies ist nicht zuletzt das Verdienst meiner Mutter, die mich in einer liebevollen, spirituellen Atmosphäre heranwachsen ließ und die mich bis zu ihrem Tod vor einigen Jahren unablässig inspiriert hat.

Denjenigen, die mein Buch *Schutz-Engel* gelesen haben, ist meine Mutter bereits bekannt. Allen anderen möchte ich Marie Georgian Simmons hier gerne vorstellen.

Als praktizierende Katholikin hatte meine Mutter eine ausgeprägt traditionelle Seite. Der Rosenkranz, die Kerzen und Heiligenfiguren sowie der sonntägliche Gottesdienst hatten ihren fest verankerten Platz im Leben meiner Mutter. Doch daneben besaß sie eine praktische Spiritualität, die für sie nicht im Widerstreit zu organisierter Religion stand. Sie glaubte an Engel und kommunizierte mit ihnen. Sie konnte Menschen durch Auflegen ihrer Hände heilen. Sie hatte hochentwickelte intuitive Fähigkeiten, und sie stand in regelmäßigem Kontakt mit Personen, die ihr nahestanden und bereits in der anderen Dimension weilten.

Sie betrachtete alle ihre Fähigkeiten als Geschenke Gottes, und sie erzählte mir, daß auch ihr Vater – den ich nie kennengelernt habe, da er vor meiner Geburt verstarb – diese besessen hätte. Schon in meiner frühesten Kindheit war es offensichtlich, daß ich die nächste in der Familie war, die mit diesen Gaben gesegnet war. Mein Vater hatte zwar ausgeprägte religiöse Vorstellungen und einen starken Glauben, doch sprach er nie darüber oder über spirituelle Themen. Meine ältere Schwester Sandra hat zwar auch eine spirituelle Veranlagung, doch nicht die intensiven Erfahrungen und Fähigkeiten auf diesem Gebiet wie meine Mutter und ich.

Im Laufe der Jahre erzählte mir meine Mutter von ihren verstorbenen Eltern, Brüdern und Schwestern, die sie des öfteren in ihren Träumen besuchten. Meine Großmutter kochte dann, mein Großvater machte sich im Garten zu schaffen, und beide gaben meiner Mutter in diesen Träumen Rat und Beistand. In einem dieser Träume befand sich meine Mutter mit ihrem verstorbenen Bruder am Ufer eines Sees, und sie angelten. Und mein Vater besuchte meine Mutter kurz nach seinem Tod in geistiger Form. Er setzte sich auf den Rand ihres Bettes, und sie fühlte das Gewicht seines früheren Körpers, als er sich niederließ, und sah die Vertiefung in der Matratze, als säße tatsächlich jemand dort.

Ich bin in Cleveland, Ohio, aufgewachsen. Mein Vater, Anthony arbeitete bei der Stadtverwaltung und war verantwortlich für die Instandhaltung der Golfplätze. Wir waren eine typisch italienisch-amerikanische Familie der Mittelklasse, und unsere Eltern liebten uns und waren immer für uns da. Ich nahm an den verschiedensten schulischen, sportlichen und gesellschaftlichen Aktivitäten teil und gewann im Lauf der Jahre sowohl sportliche als auch akademische Auszeichnungen.

Bereits im Alter von 12 Jahren waren meine intuitiven und spirituellen Fähigkeiten voll entwickelt. Doch außerhalb meiner Familie wußte niemand, daß dieses junge Mädchen – mit all seinen schulischen und sportlichen Erfolgen und einem zweiten Platz im Miss-Teenage-Cleveland-Schönheitswettbewerb – hellseherische Fähigkeiten hatte, von Engeln geführt wurde und mit Menschen kommunizierte, die nicht mehr unter den Lebenden weilten.

Erst auf dem College erzählte ich Freunden von meinen Erfahrungen. Natürlich waren sie wegen der daraus resultierenden praktischen Möglichkeiten begeistert, und ich wurde oft um Rat gebeten.

Ich habe immer mit Freuden geholfen und war glücklich, daß meine Intuitionen so zutreffend waren. Ich betrachtete sie als ein Geschenk Gottes und erklärte das auch meinen Freunden.

Ich verließ die Universität von Ohio 1968 mit einem Abschluß in Erziehungswesen und zog mit meiner Familie nach Fort Lauderdale in Florida. Im selben Jahr starb mein Vater im Alter von nur 58 Jahren an Leukämie. Dadurch kam ich meiner Mutter noch näher. Wir trafen eine Abmachung: Wer von uns beiden zuerst sterben sollte, der würde mit dem anderen Kontakt aufnehmen.

Wie jeder, der neu im Berufsleben steht, war ich mit Begeisterung bei der Sache. Ich wollte zwar meiner persönlichen spirituellen Entwicklung treu bleiben, hatte aber auch eine Karriere als Sportlehrerin vor mir, auf die ich mich freute.

Ich hatte mich immer schon für alternative Gesundheitskonzepte interessiert, und so schrieb ich meine Abschlußarbeit über den Zusammenhang von Ernährung und Lernschwierigkeiten am *Florida Institute of Technology*.

Mein Studium und meine Karriere entwickelten sich
prächtig, dennoch befiel mich eine eigenartige Ruhelosig-
keit; zu viele meiner spirituellen Fragen waren unbeant-
wortet geblieben. Also tat ich, was man als junger, neugie-
riger Mensch gerne tut – ich kündigte meine Stelle und
begab mich auf Reisen. Ich wollte nicht nur »mich selbst«
finden, sondern auch erfahren, welche Rolle Spiritualität in
der Welt spielt und wie ich sie noch besser in mein Leben
integrieren konnte.

Nach einer einjährigen Reise durch Asien, während der
ich ausgiebig mit östlichen Philosophien in Kontakt gekommen war, kehrte ich im Sommer 1971 nach Florida
zurück und hatte mehr Fragen als je zuvor. Doch hatte ich
auf meiner Reise eine konkrete Entscheidung getroffen:
Ich wollte weiter unterrichten, und zwar im Sinne einer
ganzheitlichen Lebensweise. Auch war mir klar, daß ich
meine intuitiven Fähigkeiten weiterbilden wollte. Es war
mir bereits möglich, die Aura von Menschen zu sehen und
zu interpretieren und die göttliche Präsenz in meinem Leben zu fühlen. Doch eines Morgens bemerkte ich, daß ich
noch ein weiteres Geschenk erhalten hatte. Ich hatte das
Gefühl, eine funktionierende »Telefonverbindung« zu einer höheren Ebene erhalten zu haben: Ich konnte geistige
Botschaften hören. Oft hatte ich um diese Gabe gebetet,
und ich glaube, daß ich sie teilweise von meiner Mutter ge-
erbt und teilweise von Gott oder den »Höheren Kräften«
erhalten habe.

Von da an konnte jeder und alles mit mir Kontakt aufnehmen. Ich erinnerte mich an Menschen, die ich gekannt
hatte und von denen ich wußte, daß sie verstorben waren,
und forderte sie auf, mit mir zu kommunizieren. Manchmal
bekam ich eine Antwort, als hätte ich einen geistigen An-

rufbeantworter erreicht: »Der Geist, den du sprechen willst, kann deinen Anruf im Moment nicht entgegennehmen, doch werden wir deine Botschaft weiterreichen, und er wird dich zurückrufen.«

Wann immer ich direkt etwas von denen hörte, die in die andere Dimension hinübergewechselt waren, hatten sie viel zu berichten. In gewisser Weise betrachteten sie mich als ihre Agentin, die ihren Angehörigen und Freunden in dieser Welt mitteilen sollte, daß es ihnen gutging, daß auch sie ihre Lieben vermißten und daß sie sie von »oben« leiten und beschützen würden.

Ich brauchte einige Zeit, um mich an diese neue spirituelle Dimension zu gewöhnen. Ich fragte mich, ob ich von nun an ständig solche Dinge hören würde, und fand bald heraus, daß es so ähnlich wie ein normales Telefon funktionierte: Wenn ich den Hörer abhob, um ein Gespräch zu führen, oder einen Anruf entgegennahm, nachdem es geklingelt hatte, war der Kontakt hergestellt. Und Gott sei Dank klingelte auch mein »geistiges« Telefon nicht 24 Stunden langsam Tag! Außerdem stellte ich fest, daß der Empfang begrenzt war: Ich erhielt nur Informationen, die ich auch verstehen konnte. Nie begab ich mich dabei in irgendeine Form der Trance oder wurde ein Medium für Wesen, die durch mich sprechen wollten. Ich erhielt einfach nur Informationen.

»Es ist wunderschön hier«, hörte ich zum Beispiel. »Sag meinen Freunden, daß ich sie liebe. Es gibt Engel hier und andere geistige Wesen und auch Schulen, in denen wir unterrichtet werden.«

Manchmal waren die Botschaften auch detaillierter; sie enthielten dann persönliche Informationen für die Hinterbliebenen und ausführliche Beschreibungen vom Leben nach dem Tod (siehe 2. Kapitel).

Vor einigen Jahren starb meine Mutter. Niemandem war ich jemals so nahe gewesen wie ihr, und ich empfand tiefe Trauer um ihren Verlust. Doch erinnerte ich mich auch an unsere Abmachung und hatte nicht den geringsten Zweifel daran, daß sie noch sehr lebendig war, obwohl sie die Welt, wie wir sie kennen, verlassen hatte. Ich wußte, daß sie Kontakt mit mir aufnehmen würde und daß unsere Beziehung weiterbestehen würde. Und so geschah es.

Als ich das erste Mal nach ihrem Tod versuchte, mit meiner Mutter zu kommunizieren, sagte sie: »Ich kann dir von hier aus mehr helfen, als es mir im Leben möglich war.«

Und sie hat es mir seither oft bewiesen. Aufgrund dessen, was sie – und jeder andere Mensch, der ins Jenseits hinübergegangen ist – dort gelernt hat, sind ihr Wissen und ihre Anleitungen so wertvoll wie die Führung Gottes selbst. Ich werde im Verlauf dieses Buches einige Begebenheiten näher ausführen, doch möchte ich schon jetzt sagen, daß ihre Unterstützung in allen Bereichen meines Lebens spürbar ist, sowohl beruflich als auch persönlich. Wenn sie in der Nähe ist, kann ich eindeutig ihre Gegenwart im Raum und in meinem Inneren *fühlen*. Viele Menschen mit Erfahrungen in der Kommunikation mit Verstorbenen haben mir die gleichen Gefühle beschrieben.

Bei meinen Reisen, Vorträgen, Radio- und Fernsehauftritten habe ich festgestellt, daß die meisten Menschen gerne Näheres über die Kommunikation mit Verstorbenen wissen möchten: »Wie geht das? Wie bitte ich um Hilfe? Woran erkenne ich, daß es tatsächlich passiert? Wo sind die Beweise?«

Unzählige Fragen sind mir zu diesem Thema gestellt worden, und ich hoffe, daß Sie nach dem Lesen dieses Buches ein paar hilfreiche Antworten bekommen haben. Natürlich habe auch ich nicht *alle* Antworten; niemand hat sie, solange wir uns in unserem physischen Körper befinden. Unsere *wahre* Erziehung beginnt erst, wenn wir in die nächste Dimension hinübergegangen sind.

Denn wie steht es geschrieben im *Tibetanischen Totenbuch:*

> *Dein Bewußtsein, leuchtend, leer und*
> *untrennbar mit dem Strahlenden Sein*
> *verbunden, kennt weder Geburt*
> *noch Tod und ist das Unveränderliche Licht.*

TEIL I

Reisen der Seele

*Unser ausschließlicher Glauben
an die physischen Aspekte des Lebens
hat die Erforschung und Entwicklung
unserer transzendentalen Fähigkeiten
behindert.*

James Redfield

1. KAPITEL

Die kulturellen, philosophischen und wissenschaftlichen Aspekte der Seele

Obwohl wir Menschen dazu neigen, die Unterschiede zwischen den verschiedenen Kulturen, Religionen und Philosophien hervorzuheben, haben wir doch sehr viel mehr gemeinsam, als wir auf den ersten Blick annehmen würden. Die Unterschiede liegen vor allem in der Art und Weise, wie wir die wesentlichen Prinzipien und Fragen bezüglich Leben und Tod *ausdrücken*; sie liegen begründet in unseren verschiedenen Mythen und Legenden und in den von Menschen erdachten Zeremonien, Ritualen und Gesetzen – mit denen wir versuchen, die Mysterien des Lebens zu verstehen und zu interpretieren.

Würde es Sie überraschen zu erfahren, daß ein orthodoxer Jude in Tel Aviv viele der grundlegenden spirituellen Überzeugungen in bezug auf die Seele und das Leben nach dem Tod mit einem Kahuna in Hawaii und den Vertretern östlicher Philosophien und Religionen wie Buddhismus, Taoismus und Hinduismus teilt?

Würde es Sie schockieren, daß ein Arzt in Boston die gleichen Energie-Prinzipien erforscht wie die chinesischen

Mystiker, welche die *Chi*-Energie entdeckt haben? Haben Sie sich je gefragt, wie die fortschreitende menschliche Evolution unsere Spiritualität beeinflußt?

Denn die Fähigkeit, die Welt geistig oder intuitiv zu begreifen, jenseits unserer fünf Sinne wahrzunehmen und uns in höhere Dimensionen zu begeben, hängt ab von der Schwingungsfrequenz jener Energie, die allen Menschen zu eigen ist, einer Energie, die wir mit allem, was im Universum existiert, gemeinsam haben.

Langsam erkennen wir, daß Wissenschaft und Spiritualität lediglich zwei verschiedene »Sprachen« sind, die die gleichen Phänomene zu beschreiben versuchen. Lebenskonzepte, die auf Respekt, Harmonie und dem Vertrauen in die Geheimnisse der Natur aufgebaut sind, ersetzen mehr und mehr das alte Paradigma von Kontrolle und Angst. Wir weisen heute nicht mehr ohne weiteres eine neue Idee zurück, nur weil wir sie noch nicht zu jedermanns Zufriedenheit erklären können. Langsam finden wir zu der Tatsache zurück, daß wir erschaffen sind, um als physische Wesen die geistigen Wahrheiten zu erforschen.

Auf Hawaii werden die Schamanen *Kahuna* genannt, »Hüter des Mysteriums«, und heute sollte ich meine erste Begegnung mit einem Kahuna haben. Es war im Jahre 1970; ich machte ein paar Wochen Ferien auf Hawaii, bevor ich für ein Jahr nach Japan gehen würde, um meine spirituelle Entwicklung durch das Studium östlicher Philosophien und Heilkünste zu vertiefen.

Als ich den Pfad entlangging, der zur Behausung des Kahuna führte, überlegte ich mir, was ich über Schamanen wußte. Sie sind besonders verehrte, weise Männer und Frauen, die eine umfangreiche Ausbildung und fundierte Erfahrung auf ihrem Gebiet besitzen und gleichzeitig gesegnet sind mit besonderen Gaben der Natur und des Geistes. Schamanen sind die Brücke zwischen der Welt des Geistes und der Welt unserer fünf Sinne. Sie dienen als Verbindungsglied zwischen ihrem Volk und den tieferen Ebenen des universellen Bewußtseins. Sie lehren und heilen. Sie sind Mystiker und dienen ihren Mitmenschen oft in der Rolle des Medizinmannes oder der Medizinfrau.

Schamanen haben die Fähigkeit, sich mit allen Lebensformen zu verbinden: den Tieren, Pflanzen, Mineralien sowie dem körperlosen Geist. Sie kommunizieren regelmäßig mit allen geistigen Ebenen. Sie sind Vertreter einer uralten Tradition, in der die geistige Führung von Verstorbenen an die auf der Erde Lebenden weitergegeben wird, wobei der Schwerpunkt auf der Kommunikation mit den Ahnen liegt.

Meinen Begleitern und mir war aufgetragen worden, zum Eingang der Lichtung am Rande des Dschungels zu gehen, wo der Kahuna sein Zuhause hatte. Es gab weder eine Klingel noch ein Telefon. Man sagte uns, wir sollten uns keine Gedanken machen, da der Schamane unsere Ankunft spüren und jemanden schicken würde, um uns zu ihm zu führen.

Wir standen inmitten der üppigen Vegetation und warteten. Ungeduldig fragte ich mich, ob wir wohl den ganzen Tag hier stehen würden. Doch nach einigen Minuten hörten wir Schritte, die einen Dschungelpfad entlangkamen, und einer der Helfer des Kahuna erschien, öffnete das Tor und bat uns herein. Wir befanden uns auf Oahu, Hawaiis beliebtestem Touristenziel, doch wir waren weit entfernt von den überlaufenen Stränden und Hotels von Honolulu.

Während wir durch den Dschungel gingen, waren wir umgeben von dem Oahu, das die Natur geschaffen hatte: unberührt, voller Leben und nicht vom Menschen nach seinem Gutdünken umgestaltet.

Wir erreichten eine Lichtung mit einer kleinen Hütte, aus der die Hühner ein und aus liefen. Es gab kein elektrisches Licht, und die vier Holzwände umschlossen das Innere der Behausung nur zur Hälfte. Der Boden bestand aus ungehobelten Brettern. Eine hölzerne Schüssel enthielt Papayas und Mangos. Das einzige Zugeständnis an modernen Komfort war eine Kerosinlampe.

Der Kahuna, ein heiter und gelassen wirkender Mann von etwa 70 Jahren, begrüßte uns. Wir begannen mit den Vorbereitungen für eine Heilungszeremonie für mich. Er hatte bereits Räucherwerk angezündet, und einige Bündel getrockneter Kräuter hingen von der Decke. Obwohl der Raum einfach war, wirkte er nicht ärmlich, sondern strahlte vielmehr eine unkomplizierte, lebensbejahende Zufriedenheit aus.

Ich spürte deutlich eine geistige Kraft in dem Mann, als er mit seinem Ritual zur Herbeirufung der göttlichen Führung begann. Geleitet von spiritueller Energie und um heilende Kräfte herbeizurufen – er erzählte mir, daß er stets die Gegenwart seiner Großeltern empfand, die ihm aus dem Jenseits beistanden –, summte und sang er, während er seine Hände auf meinen Körper legte. Ich fühlte die warme Energie, die von seiner Seele durch seine sanften Hände auf mich überging.

Dieser begnadete Kahuna konnte sich aller Kräfte der Natur bedienen, sowohl in der physischen als auch in der jenseitigen Welt. Da er sich ausschließlich auf seine intuitiven und geistigen Fähigkeiten verließ, hatten sich diese im

Laufe der Zeit immer mehr entwickelt. Täglich stand er im
Kontakt mit der Natur; er bediente sich nicht neuzeitlicher
Bequemlichkeiten, und anstelle eines Telefons hielt er den
Kontakt mit anderen mittels Telepathie aufrecht. Da er
stets offen war für die Botschaften von Tieren, Pflanzen,
Wasser, Erde, Luft und unsichtbaren Dimensionen, waren
diese Kontakte für ihn so normal wie für uns der Austausch
mit unseren Freunden. Er vertraute der Weisheit der Na-
turgeister und seiner Vorfahren, und sie standen ihm stets
mit Rat und Beistand zur Seite.

In jedem von uns schlummert ein verborgener Schamane,
und wenn wir ihm gestatten, sich zu entwickeln, stehen
seine Kräfte auch uns zur Verfügung. Der Physiker Fred
Alan Wolf schreibt in seinem Buch *Physik der Träume,* daß
sich seine eigenen schamanischen Fähigkeiten durch das
Zusammenleben mit Schamanen der verschiedensten Kulturen zu entfalten begannen.

»Wie lernt man seine schamanischen Kräfte kennen?«
fragt er. »Der Schlüssel liegt darin, die Gegenwart schama-
nischer Ereignisse im eigenen Leben zu erkennen. Diese
Erfahrungen sind jedesmal äußerst beeindruckend, doch
oft tun wir sie als dumme Zufälle ab und messen ihnen
keine weitere Bedeutung bei. Doch sollten diese Erlebnisse
als Zeichen aus einer anderen Welt betrachtet werden, die
sich jenseits der Realität befindet, in der wir alle leben.«

Die Kommunikation mit den Verstorbenen ist eine der
vielen Fähigkeiten, die Schamanen gemeistert haben; eine
Fähigkeit, die alle Menschen besitzen und die sich voll entwickeln kann, wenn wir es nur zulassen.

»Die Schamanen lehrten mich, meine Art der Wahrnehmung zu verändern, so daß mir andere Realitäten zugänglich wurden«, schreibt Alan Wolf. Darunter befand sich auch die höhere Dimension, in der das Leben nach dem Tod weitergeht. Alan Wolf benützte die Erkenntnisse der Physik, um die mystischen Erlebnisse der Schamanen besser zu verstehen, und erklärt: »Vom Standpunkt der neueren Physik aus betrachtet, ist klar erkennbar, daß alles miteinander verbunden ist. Das Leben fließt unaufhörlich zwischen allen Polen; es beginnt nicht erst mit der Geburt, noch endet es mit dem Tod.«

Endlich erkennt auch die Wissenschaft, was schon die ältesten mystischen Überlieferungen beschrieben haben.

Das Leben nach dem Tod mag von den verschiedenen Kulturen aus ältester Zeit bis in die Moderne durch unterschiedliche Geschichten und Symbole erklärt werden, doch stimmen sie alle in einem Punkt überein: Nachdem wir gestorben sind, gehen wir *anderswohin*.

Wir Menschen der westlichen Welt neigen dazu, recht vage mit dieser Tatsache umzugehen. Einige glauben, daß wir nach dem Tod entweder in den Himmel oder in die Hölle kommen, mit all den archetypischen Vorstellungen von Engeln und Teufeln, Seligkeit und Qual, während andere davon überzeugt sind, daß das Grab der einzige Ort ist, an den wir uns begeben, um dort ein Mahl für die Würmer zu werden. Es gibt jedoch auch heute noch eine reiche, sehr lebendige Tradition in jeder eingeborenen Kultur, die nicht auf der Angst vor dem Tod oder vor der Strafe für unsere Taten nach dem Tod basiert. Diese Tradition besagt: *Leben ist Leben. Es währt ewig.* Während unserer geistigen Entwicklung befinden wir uns lediglich in verschiedenen Dimensionen. Wenn wir die dreidimensionale Ebene des Erdenlebens verlassen, gehen wir in höhere Bereiche, in denen wir weitere Lebensaufgaben meistern, allerdings ohne den physischen Körper, den wir zuvor bewohnt hatten.

Wo waren wir, bevor wir auf die Welt kamen? In derselben Dimension, in die wir nach unserem »Tod« eingehen werden. Die Ebene des Vor- und Nachtodlebens kann als die wahre Heimstatt unserer Seele betrachtet werden.

Joel L. Whitton und Joe Fisher, die Autoren von *Das Leben zwischen den Leben*, erinnern uns daran, daß »unsere Vorfahren in längst vergangenen Zeiten bereits wußten, was der moderne Mensch erst langsam zu verstehen beginnt: daß das Leben *zwischen* den Leben unser eigentliches Zuhause ist, von dem aus wir anstrengende Reisen in die physische Verkörperung unternehmen«.

Viele Lehren alter Stammeskulturen haben bis auf den heutigen Tag überlebt und bilden die Grundlage für die Forschungen moderner Wissenschaft und Philosophie.

»Stammeskulturen kannten keine Angst vor dem Tod«, notiert auch Ernest Becker in seinem mit dem Pulitzer-Preis ausgezeichneten Werk *The Denial of Death*. »Der Tod war für sie in der Regel ein Anlaß für Freude und festliche Zeremonien, denn sie glaubten, daß er die höchste ›Beförderung‹ war, der letzte Schritt zu einer höheren Form des Daseins und zum unendlichen Genuß der Ewigkeit in der einen oder anderen Form. Die meisten Menschen der heutigen westlichen Kulturen haben diesen Glauben verloren; daher ist die Angst vor dem Tod ein so hervorstechendes Merkmal unserer Psychologie.«

Angst ist vielleicht das schlimmste Nebenprodukt der letzten Jahrhunderte modernen »Fortschritts«. Sie ist die Basis all unseres Tuns und Denkens geworden. Aus der Angst entsteht der Zwang, alles kontrollieren zu wollen –

von der Natur bis zu unseren Mitmenschen – anstatt in Harmonie mit dem Universum und all seinen Lebensformen zu existieren. Mir ist klar, daß diese Tatsache dem Leser nicht neu ist; die Vertreter aller Stammeskulturen haben uns immer wieder darauf hingewiesen.

Es ist offensichtlich, daß Jahrhunderte von angstgeprägtem Denken uns nichts als Qual gebracht haben – Qualen für die Erde, Qualen für die Menschen. Vielleicht sind wir heute endlich willens und bereit, Harmonie und Liebe zur Natur und zueinander als die einzige Grundlage für ein erfülltes und gesundes Leben zu akzeptieren.

Der Glaube, daß unsere Verstorbenen für uns verloren sind, ist eine der Ängste, die am leichtesten aufgelöst werden können. Kommunikation mit der Nachtod-Dimension hat nichts mit Geistern oder negativen Kräften zu tun. Sie ist vielmehr ein gesunder, natürlicher Teil des Lebens, an den wir positiv, mit Liebe und Respekt herangehen sollten.

Die Indianer Nordamerikas waren davon überzeugt, »daß alles Leben nach Erkenntnis und Göttlichkeit strebt«, sagt Alfonso Ortiz vom Stamm der Tewa in Dennis und Barbara Tedlocks Buch *Über den Rand des tiefen Canyon*. Er fügt hinzu, daß die traditionelle indianische Sichtweise ein Verständnis beider Dimensionen beinhaltet, während die meisten Vertreter westlicher Kulturen eine ganze Dimension aus den Augen verloren haben. Die Autoren bemerken weiter, daß die Indianer Empiriker und Individualisten sind und somit nur das glauben, was sie selbst erfahren haben. Sie nähern sich ihrer eigenen Spiritualität durch Reflexion, nicht durch die blinde Annahme historischer Überlieferungen. Das steht im Gegensatz zu der weitverbreiteten modernen Herangehensweise, die die Gültigkeit unserer Erfahrungen verneint, wenn es für diese keinen objektiven »Beweis« gibt.

Die verschiedenen indianischen Völker Nordamerikas
beschreiben ihre Spiritualität und die damit verbundenen
Phänomene auf unterschiedliche Art.

Die *Oglala*, eine Gruppe der Teton Sioux, glauben, daß
jeder Mensch von Geburt an mit einem *sicun* – unserem
Schutzengel vergleichbar – gesegnet ist, der ihn führt und
beschützt. Wenn der Mensch stirbt, begleitet der *sicun* ihn
über die Schwelle in die nächste Dimension. Diese Geistwesen sind Teil eines universellen Geist-Bewußtseins.

Die *Zuni* in New Mexico sagen, daß ein Mensch, der im
Schlaf stirbt, nicht wirklich gestorben, sondern einfach im
nächsten Leben aufgewacht ist. In bezug auf andere Todes-
arten glauben sie, daß sich das Herz des Verstorbenen und
sein *pinanne,* der Wind seines Atems, vier Tage lang in der
Nähe seines Heimes aufhält, bevor er in das jenseitige Leben
hinübergeht. Sollte es dem Geist des Menschen Schwierigkeiten bereiten, diese Welt zu verlassen, kann er vier Tage
lang seine Lieben in ihren Träumen besuchen; danach geht
sein *pinanne* endgültig in die nächste Dimension hinüber.

Der Name der Zuni für die Menschen lautet *Tek'o-
hannan aaho'i«,* was soviel heißt wie »Menschen des
Lichts«, da Vater Sonne sie aus der Dunkelheit gebracht
hat, damit sie in seinem Licht leben können. Den Tod nennen sie »das Ende des Lichts«, und je besser ein Mensch
seine Lektionen auf der Erde gelernt hat, desto angenehmer wird sein Leben in der nächsten Welt sein, die die Zuni
als die ursprüngliche und wirkliche Welt betrachten.

Das Konzept vom »Leben im Licht« und vom Erdenleben als einem Ort des Lernens, bevor wir wieder »heim-
kehren«, liegt den Lehren der meisten Stammeskulturen
und allen bekannten Zivilisationen der Menschheitsge-
schichte zugrunde.

Im alten Griechenland sprach Gott zu den Menschen durch erleuchtete, geistig hoch entwickelte Wesen, die sogenannten *Orakel*. Heute wird spirituelle Kommunikation oft von modernen Schamanen, Medien, Sehern und auch von ganz normalen Leuten gepflegt, die dafür offen sind.

Seth zum Beispiel ist ein Geistwesen, das durch Jane Roberts sprach. Sie schrieb eine Serie von erfolgreichen Büchern, in denen die Lehren dieser spirituellen Wesenheit aufgeschrieben sind. Seth bezeichnet die Seele als ein »elektromagnetisches Energiefeld« und »nichtkörperliches Bewußtsein« – Definitionen, die auch von Mystikern und Wissenschaftlern benutzt werden. Thomas Edison widmete sich bis zu seinem Tod wissenschaftlichen Experimenten zum Thema der Seele, wobei er versuchte, ein elektrisches Instrument zu konstruieren, das ihm die Kommunikation mit Verstorbenen ermöglichen würde. Heutzutage studieren Wissenschaftler und Forscher an großen Universitäten die elektromagnetische Energie des Chi. Chi ist der chinesische Name für die Lebenskraft oder Seele.

Der Gebrauch von Feuer im Zusammenhang mit dem Geist ist in den Ritualen und Mythologien vieler Kulturen verbreitet. In Nepal schreiben Buddhisten den Namen des Verstorbenen auf ein Stück Papier, das sie dann verbrennen, um so der Seele den Austritt aus dem Körper und den Übergang von der physischen in die Nachtod-Dimensionen zu erleichtern. Die Balinesen verbrennen die sterblichen Überreste ihrer Toten, damit deren Seele den Körper verlassen und sich reinkarnieren kann. Der legendäre Vogel Phönix, ein Symbol der Unsterblichkeit, verbrennt in den Flammen und erhebt sich aus der Asche als ein neues Wesen. Das Bild eines Vogels als Gleichnis für die Seele ist in vielen Kulturen zu finden und verweist auf die Fähigkeit

der Seele zu fliegen. Schon die frühen Ägypter stellten die
Seele als Vogel (*ba*) dar, mit einem menschlichen Kopf und
in der Lage, im jenseitigen Leben herumzufliegen.

Die Römer waren davon überzeugt, daß Vögel, insbesondere Adler, menschliche Seelen ins Jenseits begleiteten,
von dem sie annahmen, daß es parallel zur diesseitigen Welt
existierte. Dies war ein weit verbreiteter Glaube, der sich
bis zu den Neandertalern zurückverfolgen läßt, die das
Konzept des parallel existierenden Jenseits wörtlich nahmen und davon ausgingen, daß die physischen Bedürfnisse
dort ähnlich denen auf der Erde sein müßten. Wenn sie ihre
Toten beerdigten, gaben sie ihnen Lebensmittel und Ge-
genstände mit, auf daß es ihnen im nächsten Leben an
nichts mangle.

Auch die Ägypter glaubten, daß im Leben nach dem
Tode weltliche Besitztümer benötigt würden, welche sie –
getreu den Regeln, wie sie im *Ägyptischen Totenbuch* nach-
zulesen sind – neben die mumifizierten Körper der Verstorbenen in den Pyramiden niederlegten, damit die Seele
gut ausgerüstet im Jenseits ankommen möge. Das Ritual
begann mit den Worten: »Du bist nicht tot von uns gegangen, sondern lebend.«

Falls wir tatsächlich nie wirklich sterben, wieso erinnern wir
uns dann nicht bewußt daran, daß wir als Seelen sowohl vor
unserer Geburt als auch nach unserem Tod in höheren Dimensionen »gelebt« haben?

Die östlichen Philosophien betrachten es als einen Se-
gen, daß wir uns nicht automatisch an diese Zustände erinnern. Mohandas Mahatma Gandhi bemerkte einmal, daß
wir uns »...dank der Freundlichkeit der Natur nicht erinnern können. Das Leben wäre eine ungeheure Last, müß-

ten wir diese Unmenge von Erinnerungen mit uns herumschleppen.«

Es wäre tatsächlich überwältigend, wären uns alle Erlebnisse unseres dreidimensionalen Erdenlebens wie auch die Erinnerungen an Aufenthalte in höheren Dimensionen ununterbrochen bewußt! Doch grundsätzlich haben wir Zugang zu allem, was wir sind und was wir bisher gelernt haben, da diese Erfahrungen in den vielen Schichten unseres menschlichen Bewußtseins, in der Tiefe unserer Seele schlummern.

Es gibt einige östliche Philosophien, die behaupten, daß jede Seele vor ihrem physischen Eintritt in die dreidimensionale Welt eine ätherische »Schranke« passieren muß, welche die Frequenz des Bewußtseins der Seele verringert und somit automatisch die bewußte Erinnerung an die Existenz in jenen wunderbaren höheren Dimensionen auslöscht. Warum ist das so? Damit wir unser wahres Zuhause nicht zu sehr vermissen und dadurch fähig sind, uns vollkommen auf diesen Abschnitt unserer Seelenreise auf dem Weg zur Erleuchtung zu konzentrieren. Damit wir die entsprechenden Lektionen lernen können, ohne von Heimweh oder der bewußten Erinnerung an das Karma vergangener Leben abgelenkt zu werden.

Diese Schranke hat man auch den »Fluß des Vergessens« genannt. Mit der Erweiterung unseres Bewußtseins vergrößert sich jedoch die Fähigkeit zur Erinnerung. Die mystischen Traditionen lehren uns, daß alle unsere Erfahrungen uns lediglich an das erinnern, was wir im tiefsten Inneren schon immer gewußt haben.

So erklärt sich auch der Begriff »Erwachen« in bezug auf die verschiedenen Stufen der Erleuchtung. Es ist, als hätte unsere Seele geschlafen, und während wir wachsen

und uns weiterentwickeln, wachen wir langsam, Schritt für
Schritt, auf.

Selbst in unserem irdischen Körper können wir eine
tiefe Verbundenheit mit dem Universum in all seinen Dimensionen und mit der geistigen Energie aller ihm innewohnenden Lebensformen erlangen. Die Indianer nennen
diese Energie »*all our relations*« (alle unsere Verwandten);
sie beinhaltet nicht nur jede Lebensform, die sich jetzt gerade auf der Erde befindet, sondern auch alles aus der Vergangenheit und in der Zukunft und überhaupt alles, was im
Kosmos existiert. »Sowohl das Bekannte als auch das Unbekannte ist in dieser heiligen Bezeichnung der Ganzheit
enthalten«, schreibt Brooke Medicine Eagle, Psychologin
und eine Sprecherin der Indianer Nordamerikas, die das
Buch *Buffalo Woman Comes Singing* verfaßt hat. »Heiligkeit hat nichts mit der Figur eines weißbärtigen alten Mannes zu tun, den wir Gott nennen und auf den wir unsere
Aufmerksamkeit und Gebete konzentrieren, oder irgend-
einer anderen geistigen Gestalt. Sie bedeutet vielmehr die
Erweiterung unseres Bewußtseins bis hin zur bewußten
und respektvollen Verehrung von allem, was ist, all unseren
Verwandten, allen Wesen, Energien und Dingen im großen
Kreis des Lebens.«

Was die spirituellen Lehren unterschiedlicher Stammeskulturen auf der ganzen Welt und die Gedanken östlicher Philosophien gemeinsam haben, ist das Vertrauen in
persönliche Erkenntnis und Erfahrung als die einzig wahre
Anleitung. Dies ist auch die Grundlage der wiedererwach-
ten Spiritualität, die in zunehmendem Maße in der westlichen Welt zu beobachten ist.

Brooke Medicine Eagle drückt das sehr einfach und zutreffend aus, wenn sie sagt: »Die Verbindung zum Großen

Geist im eigenen Inneren ist die wichtigste und unabding-
bare Voraussetzung für jeden, der einen spirituellen Weg
gehen will. Wer sich auf die Suche begibt, indem er einem
anderen folgt und somit die Kraft außerhalb von sich selbst
sieht, ist noch weit von seinem wahren geistigen Weg entfernt.«

Lehren über den Tod und das Leben danach werden seit jeher in Symbolen und Ritualen dargestellt, durch die verschiedensten künstlerischen Medien, sei es Musik, Schau-
spiel, Malerei, Architektur oder Tanz, aber auch in
unterschiedlichen Heilungsformen und im gesprochenen
und geschriebenen Wort. Das *Ägyptische Totenbuch* ist nur
ein Beispiel dafür.

In ähnlicher Weise gibt das *Tibetanische Totenbuch* Anleitungen, wie dem Sterbenden beim Verlassen seines Körpers beigestanden werden kann, und es erklärt, was die
Seele auf den verschiedenen Etappen bei ihrer Reise nach
dem Tod erwartet. Genaugenommen beschreibt es das *Zwischenleben,* das nach buddhistischem Glauben 49 Tage dauert, in denen die körperlose Seele sich auf ihre nächste Inkarnation vorbereitet. Das *Zwischenleben* nennen die
Tibeter *Bardo*; daher kommt der tibetische Titel *Bardo
Thodol*, was soviel heißt wie »Befreiung durch Hören über
die Nachtod-Dimension«.

Walter Y. Evans-Wentz, der das *Bardo Thodol* ins Eng-
lische übersetzt hat, sagt, daß sowohl das ägyptische wie das
tibetanische Totenbuch die »Kunst des Sterbens und der
Wiedergeburt in ein neues Leben« lehren.

C. G. Jung, der 1938 für eine Schweizer Auflage des *Tibetanischen Totenbuches* einen psychologischen Kommen-
tar verfaßte, bemerkt darin, daß das Buch bei seiner eng-

lischsprachigen Ersterscheinung im Jahre 1927 eine bemer-
kenswerte Unruhe hervorgerufen habe. »Der westliche
Mensch glaubt im allgemeinen, daß die Seele ein bedauernswertes, kleines, wertloses, persönliches Ding ist, dem
keine Bedeutung zukommt. Daher zieht er es vor, den Begriff Verstand zu benutzen«, schreibt Jung. »Doch ist es die
Seele, die dank der schöpferischen göttlichen Kraft in der
Lage ist, metaphysische Wahrheiten zu erkennen; und nicht
nur, sie zu erkennen – sie *ist* diese Wahrheit.«

Jung beendet seine Ausführungen mit der Aussage, es
sei »von größter Wichtigkeit, daß das *Bardo Thodol* dem
Verstorbenen die Vorrangstellung der Seele aufzeigt, da das
Leben uns diese Tatsache nicht klarmacht … eine Tatsache,
die trotz aller Beweise in den großen und kleinen Dingen
des Lebens unbekannt geblieben ist, obwohl es oftmals so
wichtig, ja lebensnotwendig ist, diese Wahrheit zu erkennen.«

Weiterhin beklagt Jung, daß in den meisten westlichen
religiösen Einrichtungen der Reise der Seele viel zuwenig
Beachtung geschenkt wird. »Die katholische Kirche ist die
einzige Institution in der Welt des weißen Mannes, wo es
eine Art Vorsorge gibt für die Seelen der Verstorbenen. Im
evangelischen Lager mit seinem lebensbejahenden Opti-
mismus finden wir lediglich ein paar spiritistische ›Ret-
tungszirkel‹, deren Hauptanliegen es ist, die Toten auf die
Tatsache ihres *Totseins* hinzuweisen … Abgesehen von den
Seelenmessen für Verstorbene bei den Katholiken sind die
Vorkehrungen, die wir für die Dahingegangenen treffen,
primitiv und unzureichend – nicht, weil wir nicht von der
Unsterblichkeit der Seele überzeugt wären, sondern weil
wir diese psychologische Notwendigkeit wegrationalisiert
haben. Wir tun so, als hätten wir dieses Bedürfnis nicht; und

da wir nicht an ein Leben nach dem Tod glauben können, ziehen wir es vor, uns nicht darum zu kümmern.«

In seinem Vorwort zur englischen Übersetzung des *Tibetanischen Totenbuchs* bei der Oxford University Press macht Lama Anagarika Govinda folgende humorvolle Bemerkung: »Man kann darüber streiten, ob ein Mensch, der noch nicht gestorben ist, wirklich etwas über den Tod wissen kann. Und da – soweit bekannt – noch nie jemand vom Tod zurückgekehrt ist, wie können wir jemals etwas über den Tod und das Leben danach wissen? Die Tibeter haben die Antwort darauf: Es gibt tatsächlich nicht einen einzigen Menschen auf der Welt, ja nicht ein einziges Lebewesen, das *nicht* vom Tod zurückgekehrt ist. Wir alle sind viele Tode gestorben, bevor wir die jetzige Inkarnation begonnen haben. Was wir Geburt nennen, ist nichts anderes als die Kehrseite des Todes, wie die andere Seite einer Münze oder wie eine Tür, die wir von außen als *Eingang* und von innen als *Ausgang* bezeichnen.«

Wie die moderne Literatur zu diesem Thema deutlich zeigt, gibt es weltweit immer mehr Menschen, die Nahtod-Erlebnisse hatten und mit erstaunlichen Berichten über das Zwischen- und Nachtodleben in die physische Realität zurückgekehrt sind.

Das Neue Testament – mit seiner Betonung des Glaubens, daß Jesus Christus der Erretter ist und die Erlösung von den Sünden uns Eingang in das jenseitige, ewige Leben gewährt – erklärt: »Wenn ihr nach dem Fleisch lebt, werdet ihr sterben; doch wenn ihr durch den Geist die Taten des Fleisches tötet, werdet ihr leben.« (Römer 8,13).

C. B. Haynes schreibt in seinem Buch *When a Man Dies,*
daß des Menschen Unsterblichkeit ursprünglich »auf der
Abwesenheit von Sünde beruhte, auf Heiligkeit und der
Bewahrung des göttlichen Ebenbildes, in welchem er erschaffen wurde«. Weiter führt er aus: »Wenn der Mensch
Unsterblichkeit erreichen will, muß er sich mit aller Kraft
seines Herzens an Christus wenden, denn er ist die Quelle
des ewigen Lebens.«

Die christliche Sichtweise ist klar erkennbar bei Römer 6,23: »Die Gabe Gottes ist das ewige Leben in Jesus
Christus, unserem Herrn.« Und unter den Bedingungen,
die bei Römer 2,7 aufgestellt werden, heißt es, daß ewiges
Leben denen garantiert ist, »die in aller Geduld mit guten
Werken trachten nach Herrlichkeit, Ehre und unvergäng-
lichem Leben«.

Die grundlegende Maxime der christlichen Religion ist
folglich: »Wer aber auf den Geist sät, der wird von dem
Geist das ewige Leben ernten« (Galater 6,8).

Die nichtkonfessionelle Sichtweise des Todes und des
jenseitigen Lebens besagt, daß sich jeder von uns auf einer
spirituellen Reise befindet und daß unsere Seele, unser
Geist, nach dem Tod in eine andere Dimension eingehen
wird. Einige Physiker glauben, daß dies die fünfte Dimension ist, die weit über die mit unseren »normalen« fünf Sinnen wahrnehmbare dritte Dimension hinausgeht.

Innerhalb dieser höheren Ebene machen wir weiterhin
Erfahrungen, lernen und lehren wichtige Lebenslektionen
und sind außerdem in der Lage, in die dritte Dimension
zurückzureisen, um den noch auf der Erde Lebenden
Führung und Beistand angedeihen zu lassen. Auch können
wir unsere Lektionen im Zuge mehrerer Inkarnationen
fortführen.

Die Philosophie der alten Griechen wie auch die östlicher Kulturen lehrt das Prinzip der Wiedergeburt. Pythagoras war der erste, der dieses Konzept in die griechische Kultur einbrachte, wobei er die Theorie aufstellte, daß die Seele nach dem Tode irgendwann in einen neuen menschlichen oder tierischen Körper eingehen würde. Andere griechische Philosophen seiner Zeit berichteten über außerkörperliche Erfahrungen. Sie glaubten, daß es der Seele möglich ist, während ihres Erdenlebens vorübergehend den Körper zu verlassen und »Seelenreisen« zu unternehmen. (In diesem Zusammenhang sei darauf hingewiesen, daß das Wort *Ekstase* im Griechischen seinen Ursprung hat und soviel heißt wie »außerhalb des Körpers«.) Auch lehrten sie die Verbindung der Seele zum Göttlichen. Die griechischen Philosophien werden heute als der Beginn der modernen Idee von der unsterblichen Seele betrachtet.

Sokrates glaubte, daß der Tod die Seele von »den Ketten des Körpers« befreie. Plato war der erste westliche Philosoph, der das Konzept von Seele und Körper aufbrachte. Er behauptete, daß die Seele bereits vor der Erschaffung des Körpers existiert und dessen Tod überdauert und daß die Seele, nicht der Körper, der *wahre* Mensch sei.

Die frühe christliche Kirche lehrte, daß Reinkarnation der Seele in vielen Leben Gelegenheit zu umfangreichen Erfahrungen bietet, auf daß sie den Grad der Reinheit und Erleuchtung erlange, der ihr einen Platz im Himmel sichern würde. Aus politischen Gründen wurde die Lehre von der Wiederverkörperung im Jahre 553 anläßlich des Zweiten Konzils in Konstantinopel aus der christlichen Doktrin entfernt.

In seinem großartigen Werk *De Anima* (Von der Seele) lehrt Aristoteles, daß erst die Seele den Körper mit Leben erfüllt und daß alle Lebewesen, auch Tiere und Pflanzen, eine Seele haben, wobei er die Seele des Menschen als die am höchsten entwickelte bezeichnete. Obwohl er zunächst von Plato das Konzept der ewigen Seele übernommen hatte, verwarf er in späteren Jahren die Idee einer unsterblichen menschlichen Seele und behauptete, nur Gottes Seele sei unsterblich. Doch jene Philosophen, die glaubten, daß es zwischen dem Schöpfer und dem Menschen eine Verbindung gibt, hielten dem entgegen, daß aufgrund dieser göttlichen Verbindung auch des Menschen Seele ewig sei.

Der französische Philosoph René Descartes (17. Jahrhundert), der die These »Ich denke, daher bin ich« aufgestellt hatte, glaubte, daß die Realität aus dem Geistigen und dem Physischen besteht. Die geistige Realität, behauptete er, wird durch das Denken erschaffen; das physische Realität ist das, was durch Ausdehnung im Raum gemessen werden kann. Jedoch schenkte er dem Einfluß, den Körper und Geist aufeinander haben, keine Beachtung. Er war der Ansicht, daß die Seele so lange im Körper weilt, bis dieser stirbt, und daß nichts die Seele zerstören kann. Er nahm an, daß die Hirnanhangdrüse den Sitz der Seele während ihres Aufenthaltes im Körper darstellt.

Die Renaissance verlegte den Schwerpunkt bei der Suche des Menschen nach mehr Wissen in den Bereich von Intellekt und Wissenschaft und damit heraus aus dem Bereich der religiösen Doktrin. Innerhalb dieser Bewegung entwickelte sich die Vorstellung, daß die Wahrheit nur durch die eigene Wahrnehmung und Erfahrung zu finden sei – so entstand die Philosophie des *Empirismus*.

Die Gültigkeit empirischen Wissens – »Ich fühle es, ich habe es erlebt, daher ist es für mich wahr« – besteht bis zum heutigen Tag und spielt eine wichtige Rolle nicht nur in der Spiritualität, sondern auch in der Wissenschaft.

Im Jahre 1781 veröffentlichte der deutsche Philosoph Immanuel Kant sein Werk *Die Kritik der reinen Vernunft*. Darin schreibt er, daß unser Verstand alles, was wir aufnehmen und erfahren, subjektiv interpretiert. Das führt ihn zu der Schlußfolgerung, daß Objektivität und jegliche Vorstellung einer höchsten Realität unmöglich sind, da sie sich jenseits unseres erfahrbaren Wissens befinden. Zur Frage der Unsterblichkeit der Seele bezog er folgerichtig nie Stellung, da entsprechend seiner Philosophie keine objektive Antwort hierzu gefunden werden kann. Doch führte er aus, daß wir Menschen uns zu dem Gedanken der unsterblichen Seele hingezogen fühlen, da uns dieses Konzept Trost und Zuversicht spendet.

Der amerikanische Dichter, Schriftsteller und Philosoph Ralph Waldo Emerson bezeichnet in seinem wichtigsten Buch, *Nature*, veröffentlicht im Jahre 1836, die Seele als etwas, »durch das der universelle Geist sich dem Individuum mitteilt und durch das er sich bemüht, es zu ihm zurückzuführen«. Weiterhin schreibt er, daß es eine Übereinstimmung gibt zwischen der menschlichen Seele und allem anderen, was auf der Welt existiert, was ihn zu der Schlußfolgerung bringt, daß die höchste Erkenntnis die ist, daß Gott in jedem Menschen lebt.

Emerson schrieb – so sagte er einmal –, um den Menschen aufzuwecken und sein Selbstwertgefühl zu stärken. Auf die Frage, was das Wichtigste im Leben eines jeden Menschen sei, antwortete er: »Die einzig wertvolle Sache auf der Welt ist die lebendige Seele.«

Als Führerfigur des Transzendentalismus Mitte des 19. Jahrhunderts in Neuengland vertrat Emerson dessen

grundsätzliche Lehrsätze: daß der Geist die Materie trans-
zendiert und daß wir mehr zu wissen in der Lage sind, als
unsere fünf Sinne uns zeigen. Viele bekannte Künstler,
Schriftsteller und Philosophen, unter ihnen Henry David
Thoreau, der Autor von *Walden*, teilten diese Denkweise
und waren wie Emerson Mitglieder in dieser philosophi-
schen Bewegung.

Das geistige Wiedererwachen des späten 20. Jahrhunderts in Amerika ist zum großen Teil auf das zurückzuführen, was die Transzendentalisten vor mehr als hundert
Jahren begonnen hatten. Transzendentalismus war und ist
auch heute noch ein Ausdruck individueller Spiritualität,
welcher die Idee jeglicher religiösen Institution oder Auto-
rität zurückweist und statt dessen die Bedeutung der direk-
ten, persönlichen menschlichen Erfahrung des Göttlichen,
Kreativen und Universellen hervorhebt. Diese Philosophie
lehrt, daß die Wahrheit in der Welt der Seele zu finden ist –
im Geist – und daß unsere sichtbare Welt letztendlich nur
ein Symbol jener wahren geistigen Welt darstellt.

Emerson bemerkte, daß wir alle eine ursprüngliche Verbindung zum Universum haben. Das heißt, wir alle sind Teil
»dieser Einheit, dieser Über-Seele, in der das besondere
Wesen jedes einzelnen Menschen enthalten und mit allem
anderen verbunden ist«. Demzufolge ist des Menschen
Seele die Seele des Universums.

»Unsere Vorstellungen von Gesetz und Harmonie be-
schränken sich normalerweise auf Begebenheiten, die wir
zu erkennen in der Lage sind«, schreibt Thoreau in *Walden*.
»Doch die Harmonie, die aus einer viel größeren Anzahl
von scheinbar widersprüchlichen, doch in Wahrheit über-
einstimmenden Gesetzen resultiert, die wir noch nicht entdeckt haben, ist noch viel wundervoller.« Die spirituelle Di-

mension des physischen Lebens bleibt also unseren Blicken so lange verborgen, bis wir in der Lage sind, ihre Zeichen zu erkennen.

Im östlichen Europa des 18. und 19. Jahrhunderts erfuhr der jüdische Mystizismus eine Wiederbelebung, insbesondere in der *chassidischen* Bewegung, die eine grundlegende Spiritualität vertrat, in der sowohl der Begriff der ewigen Seele als auch der Reinkarnation ihren Platz hatten.

Der Grundstein der jüdischen Spiritualität ist die Annahme, daß »des Menschen Körper erdgebunden ist, doch seine Seele zum Himmel gehört«. Das jenseitige Leben wird hier als »die zukünftige Welt« bezeichnet. In einem 1984 veröffentlichten Essay mit dem Titel *Life after Death and the World to Come* (Das Leben nach dem Tod und die zukünftige Welt) bemerkt der bekannte israelische Gelehrte Rabbi Eliyahu Ben Shlomo vom Ohel Yaakov Yeshiva College in B'nei Brak, daß die Gedanken über ein Leben nach dem Tod nicht dasselbe sind wie Mutmaßungen darüber, ob Leben auf dem Mars zu finden sei, und daß sie auch nicht mit mathematischen, chemischen, physikalischen oder biologischen Versuchen verglichen werden können. »Die Frage bezüglich eines Lebens nach dem Tod ist von fundamentaler Wichtigkeit für uns alle. Wir sehnen uns danach zu erfahren, ob sich unsere individuelle Existenz auf ein paar Jahre beschränkt, bis uns der Tod ereilt und alles auslöscht, oder ob wir weiterleben, nachdem unser Erdendasein beendet ist.«

Rabbi Yechezkail Levenstein, der in Polen, New York und Jerusalem lehrte, formulierte diese Gedanken auf einfache Art: »Es ist von allergrößter Wichtigkeit, in zunehmendem Maße den Wert des jenseitigen Lebens zu erken-

nen und zu wissen, wie wenig diese Welt im Gegensatz dazu
anzubieten hat. Durch Verinnerlichung dieser Einstellung
werden wir unseren physischen und materiellen Neigungen
nicht mehr erlauben, unsere Taten in diesem Leben zu be-
stimmen.«

Ben Shlomo erinnert uns daran, daß so, wie der Blinde
nicht Farben verstehen und der Taube die Welt der Klänge
nicht begreifen kann, der verkörperte Mensch nicht die
Verzückungen der Seele nachempfinden und in dieser materiellen Welt nicht wissen kann, was geistige Freuden sind.
Er sagt, daß wir durch unsere Sinne begrenzt sind, weil »die
Dinge, die des Menschen Herz am meisten entzücken und
der Seele Wärme und Zufriedenheit bringen, jenseits unserer normalen fünf Sinne liegen«.

Was bewegt uns, nach geistigen Antworten zu suchen?
»Der Durst der Menschenseele kann nicht mit einem
Schluck Wahrheit gestillt werden; sie sucht die ganze Wahr-
heit und wird nicht ruhen, bis sie sie gefunden hat«, schreibt
Ben Shlomo.

»Alle Kräfte des Geistes werden durch unser inneres
Selbst aktiviert, das unabhängig ist von unserem Körper
und den fünf Sinnen … Irgend etwas in unserem Inneren
entscheidet, was wahr und was Lüge ist, was ehrenwert und
was schamlos ist, was gerecht, ehrlich und ethisch, was nie-
derträchtig, ungerecht und minderwertig ist. Dieses ›Etwas‹
ist die Seele.« Weiterhin führt er aus: »Die Seele ist auto-
nom. Nur durch ihre unabhängige Existenz ist ihre Bereitschaft zu erklären, in Opposition zu den Interessen des
Körpers zu handeln, in dem sie residiert … Die Realität der
Seele ist eine der sichersten Tatsachen unseres Lebens,
doch kann sie nicht ohne weiteres verständlich gemacht
werden. In den meisten Sprachen wird sie als spirituelle

Realität bezeichnet. Eine spirituelle Realität kann nie sterben; der Tod hat nur Macht über den Körper.«

Aus dieser Logik folgt das jenseitige Leben: »Da die Seele geistiger Natur ist und unabhängig vom physischen Körper existiert, unterliegt sie nicht den Gesetzen der Materie. Daher birgt die Erkenntnis von der Existenz der Seele in sich die Sicherheit ihrer fortgesetzten Existenz nach dem Tod des Körpers – folglich gibt es ein Leben nach dem Tod.«

Rabbi Shlomo erwähnt in seinem Buch die zum Teil jahrtausendealten Werke verschiedener Philosophen und stellt fest, daß sie alle verschiedene logische Ansätze gefunden und unter Hinweis darauf die Beschaffenheit der Seele diskutiert haben, wobei sie übereinstimmend zu dem Schluß gekommen sind, daß die Existenz der Seele und ihre Unsterblichkeit selbstverständlich sind. »Wie alle fundamentalen Wahrheiten«, stellt Ben Shlomo fest, »ist auch diese von ergreifender Einfachheit und jedem vernunftbegabten Menschen offensichtlich.«

So wie die Wissenschaft bewiesen hat, daß Energie nicht verlorengeht, sondern nur die Form wechselt, kam auch die Philosophie des geistig hoch entwickelten Judentums zu derselben Erkenntnis. In bezug auf die Schriften von Rambam, zeigt Ben Shlomo hier die Quelle auf, aus der alle Diskussionen um das jenseitige Leben entspringen: »Nichts ist verlorengegangen seit Anbeginn der Welt … es finden lediglich Veränderungen statt, indem die Materie in ihre Grundform zurückkehrt und somit die Form wechselt, doch ohne daß sie dabei zu existieren aufhört. Und dies gilt für alles Leben, solange die Welt besteht, und ganz besonders für die Seele. Sie kann nicht verlorengehen.«

Da Gott den Menschen »nach seinem Ebenbild« schuf

hat, wie es im Alten Testament geschrieben steht, ist es nach Meinung jüdischer Philosophen der letzten Jahrhunderte eine logische Konsequenz, daß des Menschen Seele unsterblich ist, denn ihr Schöpfer ist es schließlich auch.

Das jenseitige oder »zukünftige« Leben nennen die Juden *olam haba*, was soviel heißt wie die »Welt der Seelen«. Die spirituelle jüdische Philosophie gleicht in diesem Punkt der asiatischen Philosophie: Was immer wir in diesem Leben tun, bestimmt, was der Seele im jenseitigen Leben widerfahren wird. »Dies ist der ganze Grund unserer Existenz auf Erden«, schreibt Ben Shlomo und drückt damit noch einmal den Glauben daran aus, daß unser Erdenleben eine Folge von Erfahrungen und Lektionen darstellt, die im Jenseits fortgesetzt werden. Und je besser wir diese Erlebnisse und Lehren hier meistern, desto höher wird die geistige Ebene sein, auf der wir uns nach unserem Hinübergehen in die andere Dimension befinden. In der *Torah* heißt es dazu: »Daher achtet sorgfältig auf eure Seele!«

Wie die östliche Philosophie und die spirituellen Lehren der meisten eingeborenen Völker, so verkündet auch der jüdische Mystizismus, daß im jenseitigen Leben die Belohnungen und die Strafen, die uns erwarten, nicht physischer Natur sind. Rabbi Ben Shlomo erklärt, daß die Belohnung in der nächsten Welt keine Entschädigung für die Taten während der Erdenexistenz ist, sondern daß vielmehr das Individuum bereits hier seine zukünftige geistige Umgebung vorbereitet und erschafft.

Wie sowohl die alten als auch die neuen Gedanken zu diesem Thema zeigen: Das jenseitige Leben ist, was wir daraus machen.

Ein elementarer Aspekt im Hinduismus und im Buddhismus ist unser karmisches Schicksal: Was wir in der jenseitigen Welt und in unserem nächsten Erdenleben erfahren werden, wird durch unser Verhalten in unserer gegenwärtigen Inkarnation festgelegt.

Doch wie oft werden wir wiedergeboren? Die Reinkarnationstheorie besagt, daß wir das sich endlos drehende Rad der Wiederverkörperungen nicht verlassen können, bevor wir allumfassende Erleuchtung und Verschmelzung mit dem Universum (oder Gott, der Höchsten Kraft – welcher Ausdruck auch immer dem Leser am angenehmsten ist) erfahren haben.

In Japan wird die Unsterblichkeit der Seele beim alljährlichen *Bon-Festival* gefeiert. Es heißt, daß während dieser Tage die Geister der Verstorbenen die Lebenden besuchen, um ihnen Führung, Inspiration und Weisheit zuteil werden zu lassen.

Um den Seelen dabei zu helfen, zunächst ihre Lieben und danach den Weg zurück zu ihren Gräbern zu finden, werden Kerzen auf den Wegen der Friedhöfe angezündet.

In Indonesien wird der Tod eines Menschen gefeiert, nicht beweint, da man glaubt, daß die Seele sich durch den Tod vom Gefängnis ihres Körpers befreit. Die gleiche feierliche Reverenz erweisen die Balinesen ihren Verstorbenen, indem sie sie nicht begraben, sondern verbrennen – ein Akt symbolischer Loslösung der Seele vom Körper und der Reinigung des Geistes, auf daß er geläutert in das nächste Leben eingehen kann.

Die Mitglieder der *Ijaw* in Niger bauen Hütten über den Gräbern ihrer Verstorbenen und bringen damit ihren Glauben zum Ausdruck, daß die Toten nach wie vor unter den Lebenden weilen.

Obwohl man sagen muß, daß Amerika in dieser Beziehung in der Vergangenheit äußerst skeptisch war, kann man heute die zunehmende Faszination seiner Bewohner mit dem Leben nach dem Tod nicht mehr übersehen: Das Thema wird landesweit wissenschaftlich und soziologisch, psychologisch und spirituell von entsprechenden Forschern und Gelehrten untersucht.

Im Laufe einer der umfangreichsten Untersuchungen auf diesem Gebiet hat die amerikanische Psychotherapeutin Sukie Miller ein *Tod-und-Sterbe-Projekt* gegründet, in dem sie Informationen aus allen Kulturen der Welt sammelt: Mythen, Rituale, mündlich überlieferte Traditionen, schriftliche Zeugnisse, Kunstformen und ähnliches, die alle Aufschluß geben über ein Leben nach dem physischen Tod. Nach Abschluß der Forschungen sollen die entsprechenden Ergebnisse Erziehern, Geistlichen, Ärzten und Pflegepersonal in Sterbekliniken, Therapeuten, Medizinstudenten und auch der spirituell interessierten, allgemeinen Öffentlichkeit zugänglich gemacht werden.

Wir Menschen wissen seit jeher, daß das Leben mehr ist als nur die physische Existenz. In dem Versuch, die Welt jenseits unserer normalen Sinne zu verstehen, haben wir Philosophien geschaffen, Religionen, Mythen und Legenden, haben künstlerischen Ausdruck gesucht und wissenschaftliche Studien durchgeführt und dabei leider auch die unglückseligen Nebenprodukte wie Furcht, Vorurteil, Gier, Krieg und eine unnatürliche Abhängigkeit von äußerer Macht entwickelt.

Zu oft haben wir unsere Aufmerksamkeit auf alles mögliche gerichtet, nur nicht auf das Wesentliche: unser Innerstes. Die Antworten auf unsere Fragen finden wir in unse-

ren Erfahrungen, den Momenten der Erkenntnis; wir
spüren sie in unseren Intuitionen und Augenblicken höhe-
rer Einsicht; wir erleben sie in unserer Verbundenheit mit
allem und jedem, die alle Schranken überschreitet, selbst
die des Todes.

2. KAPITEL

Nur zu Besuch

Stellen Sie sich vor, Sie könnten in die fünfte Dimension
reisen – die Ebene des spirituellen Reiches, des jenseitigen
Lebens – und gleich anschließend in dieses Leben und in
diesen Körper zurückkehren.

Genau das passiert täglich vielen Menschen weltweit.
Denn es ist keine Fähigkeit, die nur den Schamanen, Mystikern und spirituellen Experten vorbehalten ist. Sobald
wir unser Herz und unseren Verstand den unerschöpflichen
Möglichkeiten unseres Bewußtseins öffnen, werden wir erkennen, daß wir diese Fähigkeit bereits besitzen und sie
schon oft benutzt haben, ohne es zu wissen.

Wenn wir träumen, reist unser Geist, während unser
Körper zurückbleibt. Obwohl wir im Traum eine physische
Erscheinung haben, besitzen wir unbegrenzte Reisemög-
lichkeiten. Wir können uns überallhin begeben, können alles tun und jeden sehen.

Manche Menschen haben gelernt, ihre Träume zu pro-
grammieren, und sie sind daher in der Lage, genau das zu
träumen, was sie wollen. Das ist vergleichbar mit der Möglichkeit, aus einer Speisekarte das auszuwählen, was uns besonders zusagt, anstatt essen zu müssen, was wir serviert bekommen.

Außerkörperliche Erfahrungen (AKE) funktionieren in ähnlicher Weise, doch stellen sie eine deutlich andere Ebene dar. Im Traum haben wir nicht das gleiche aufmerksame Bewußtsein wie im Wachzustand; in der außerkörperlichen Erfahrung jedoch behalten wir es bei.

Forschungen auf diesem Gebiet haben gezeigt, daß sich das Bewußtsein von der physischen Realität trennen kann. Während eines AKE-Zustandes ist der Geist wach, während der Körper schläft, womit bewiesen ist, daß »das menschliche Verstandes-Bewußtsein funktionieren, denken und fühlen kann ohne die starken physischen Sinnesimpulse, die in der Vergangenheit als unbedingt notwendig dafür erachtet wurden«.

Das schreibt der bekannteste AKE-Forscher Amerikas, Robert A. Monroe, Begründer des Monroe-Institutes und Autor dreier Bücher zu diesem Thema. Er fährt fort: »Die Schlußfolgerung daraus ist, daß der Mensch in der Tat *mehr* ist als ein physischer Körper und daß er ohne diesen existieren kann.«

Dieser Zustand entspricht der Delta-Ebene, dem Zustand der Gehirnaktivität, wenn der Körper in tiefem Schlaf liegt. Bei einer AKE ist der Geist vollkommen wach und handlungsfähig.

Vieles von dem, was wir heute über höhere Dimensionen und über das Leben nach dem Tod wissen, haben wir von den Tausenden von Menschen erfahren, deren außerkörperliche Erfahrungen wissenschaftlich untersucht worden sind, sowie von jenen, die über ihre Nahtod-Erlebnisse berichtet haben.

Das Monroe-Institut zum Beispiel hat Berichte von außerkörperlichen Erfahrungen (von Robert Monroe selbst und von anderen) dokumentiert und untersucht, bei

denen »Reisen« in die jenseitige Dimension unternommen
wurden.

Während ihres Aufenthaltes in dieser anderen Dimension waren die »Reisenden« in der Lage, mit den Bewoh-
nern jener Ebene zu sprechen und sich an verschiedene
Orte zu begeben; so unter anderem in den »Park«, wie
R. Monroe ihn nennt, ein »Begrüßungszentrum« für
Neuankömmlinge, die ihre körperliche Hülle ein für alle-
mal auf der Erde zurückgelassen haben – unsere »Toten«.
In der üppigen Pracht dieses Parks mit seiner Vielzahl von
Pflanzen- und Tierformen werden die soeben Verstorbenen
von geistigen Führern in menschlicher Form willkommen
geheißen, die ihnen dabei helfen, den gefühlsmäßigen
Übergang von der Erdendimension ins Jenseits zu vollzie-
hen. Manche der neu Eingetroffenen haben offensichtlich
Schwierigkeiten, ihre veränderte Situation und die Tatsache, daß sie sich in der jenseitigen Welt befinden, zu
akzeptieren.

Bei dem Versuch, einen verstorbenen Freund zu finden,
entdeckte R. Monroe einen weiteren Platz, an dem der Verstorbene beim Übergang von einer Dimension in die nächste Beistand findet. Dort sieht es aus wie in der Praxis eines
Arztes, und tatsächlich begeben sich viele Seelen, die im Erdenleben Mediziner gewesen sind, nach Rücksprache und
Einweisung im »Park« vorübergehend an diesen Ort.
Robert Monroe erfuhr, daß verstorbene Chirurgen, Ärzte
und andere medizinische Berufe hierherkommen, um sich
nach dem großen Wechsel zu beruhigen. »Sie brauchen
diese Zeit der Entspannung, da sie in ihrem Erdenleben
ständig mit der Aufgabe der Lebenserhaltung ihrer Patien-
ten beschäftigt gewesen waren. Doch in dieser vertrauten
Umgebung erholen sie sich schnell.«

Geistwesen, von denen viele früher in der dreidimensionalen Ebene der physischen Welt gelebt haben, übernehmen in dieser Praxis die Aufgabe, den Seelen die Anpassung an das neue Leben zu erleichtern.

Bob, ein sehr guter Freund von mir, der an Komplikationen in Verbindung mit Aids gestorben war, hat mit mir aus dem Jenseits Kontakt aufgenommen und mir mitgeteilt, daß er nun zu einer Gruppe von Seelen gehört, die Menschen mit Aids bei ihrem Übergang helfen. Zu Lebzeiten arbeitete Bob in einem heilenden Beruf, folglich ist er für diese Aufgabe besonders gut geeignet.

In dieser spirituellen Dimension haben Gedanken die Macht, Dinge zu erschaffen, so daß alles, was notwendig ist, um einer Seele beim Übertritt beizustehen, umgehend zur Verfügung steht.

Viele Menschen haben nach solchen außerkörperlichen Reisen berichtet, daß das Jenseits tatsächlich eine eigene Kultur hat. Sie sahen die Gesellschaftsordnung, die Gebäude und die Landschaft, die der menschliche Gedanke dort erschaffen hat. Sie beobachten Menschen bei der Arbeit, beim Studieren und beim Nichtstun.

Menschen, die ein Nahtod-Erlebnis hatten, kommen mit einer anderen Information bezüglich des jenseitigen Lebens zurück. Sie machen dieselbe Reise wie die Verstorbenen (sie sind in dem Augenblick tatsächlich tot, wenn sie auch später wiederbelebt werden), und daher berichten sie oft vom Durchqueren eines Tunnels und von einem Licht, das sie magisch angezogen hat; dabei fühlten sie sich von einer Kraft getrieben, über die sie keine Kontrolle hatten. Diese Erfahrung ist grundlegend verschieden von einer AKE, bei der die Reise freiwillig vorgenommen wird. Im Verlaufe eines Nahtod-Erlebnisses wird der Mensch im all-

gemeinen von geliebten Wesen begrüßt, die vor ihm gestorben sind und die ihn zu gegebener Zeit wissen lassen,
daß er noch nicht im Jenseits bleiben kann und auf die Erde
in seinen Körper zurückkehren muß. Manche Menschen,
deren klinisch toter Zustand besonders lange dauert, reisen
so weit in die jenseitige Dimension, daß sie einen »Lebensrückblick« erfahren, in welchem sie einen vollständigen
und unmittelbaren Einblick in ihr Leben erhalten.
Während der Betrachtung dieses »Films« erfahren sie nicht
nur alles noch einmal, was sie je getan, gesagt, gedacht und
gefühlt haben, sondern sie spüren vor allem die Wirkung ihrer guten und schlechten Handlungen auf alle anderen
Menschen in ihrem Leben. Auf diese Weise sind sie in der
Lage, die Gefühle jedes einzelnen nachzuempfinden, den
sie je glücklich gemacht oder verletzt haben.

Viele Nahtod-Erlebnisse beinhalten die Reise durch einen besonders wunderbaren Aspekt des jenseitigen Lebens, der mit zauberhaften, ätherischen Erscheinungen von
Farben und Klängen erfüllt und von atemberaubender
Schönheit ist, anders als alles, was wir auf der Erde je gesehen haben: Himmel und Meere in unzähligen Farbabstu-
fungen, gewaltige kristallene Städte und schwebende Lichtwesen.

Auch berichten die Zurückgekehrten von telepathischer Kommunikation und von der Fähigkeit, Informationen einfach durch das Hören musikalischer Töne zu verstehen oder durch das Betrachten von Licht- und
Farbspielen, die jegliche Lasershow und alle Feuerwerke,
die wir uns vorstellen können, bei weitem übertreffen.

Ein Pionier auf dem Gebiet der Nahtod-Erlebnisse, der
amerikanische Arzt Dr. Raymond A. Moody, berichtet, daß
Menschen, die diese Phänomene erfahren haben, das Emp-

finden dabei mit einem »Nachhausekommen« vergleichen. Trotz der entschieden anderen Umgebung und ungeachtet der starken Gefühle, die sie für ihre zurückgebliebenen Angehörigen haben mochten, erfuhren sie das jenseitige Leben als einen Zustand ausgeprägter Liebe und empfanden Frieden, Glück und ein Gefühl der Zugehörigkeit. Dr. Moody hat viele Bücher zum Thema der Nahtod-Erfahrungen geschrieben – unter anderem den Klassiker *Leben nach dem Tod* – und leitet heute ein Forschungszentrum, in dem die Fähigkeit zur Kommunikation mit dem Jenseits untersucht wird und die Möglichkeit, die Erscheinung des Verstorbenen mit bloßem Auge zu erkennen.

In einem der erstaunlichsten Berichte über eine Reise ins Jenseits und zurück (während eines Nahtod-Erlebnisses) beschreibt Dannion Brinkley, daß Geistwesen ihm 117 prophetische Visionen gezeigt haben, von denen 95 bereits in Erfüllung gegangen sind. In seinem Buch *Saved by the Light* spricht Brinkley auch über seine Mission, die ihm von 13 Lichtwesen aufgetragen wurde: innerhalb der USA Heilungszentren zur Streßreduzierung einzurichten unter Berücksichtigung ganzheitlicher Therapieformen und unter Zuhilfenahme hochentwickelter medizinisch-technischer Instrumente, die es heute noch nicht gibt, die Brinkley jedoch von den Lichtwesen detailliert beschrieben wurden.

Nach seinem ersten Nahtod-Erlebnis im Jahre 1975, hervorgerufen durch einen Blitzschlag, wurde Brinkley im Laufe der Zeit immer wieder in sehr lebendigen Träumen und in Momenten tiefer Entspannung von diesen geistigen Wesen unterrichtet. Anläßlich einer Herzoperation vor einigen Jahren hatte er ein zweites Nahtod-Erlebnis, in dessen Verlauf ihm andere Lichtwesen weitere Instruktionen gaben. Er war umgeben von beruhigenden Melodien, Far-

ben und Düften, und es wurde ihm gesagt: »Diese Atmosphäre soll in deinen Zentren herrschen.«

Dannion Brinkley arbeitet nach wie vor an der Erfüllung seiner Aufgabe. Er hat inzwischen zum Beispiel ein besonderes Bett entwickelt, das das Verbleiben in der tiefen
Ebene des Bewußtseins bei außerkörperlichen Erlebnissen
unterstützt; es wird bereits in Dr. Moodys Forschungszentrum in Alabama eingesetzt.

Brinkley und andere Menschen mit Nahtod-Erlebnis-
sen berichten übereinstimmend, daß sie während ihres Aufenthaltes im Jenseits in der Lage waren, Energiefelder zu
sehen, und daß ihre fünf Sinne verstärkt und sich überlap-
pend funktionierten: Es war ihnen zum Beispiel möglich,
Farbe zu »fühlen«.

Auch in Träumen sind wir manchmal in der Lage, einen
Einblick in die höheren Bereiche des Universums und ins
Jenseits zu erlangen. Meine Mutter besuchte im Traum oft
ihre verstorbenen Eltern. Meine Großmutter kochte dann,
der Großvater machte sich im Garten zu schaffen, und
beide erzählten meiner Mutter aus ihrem Leben, beant-
worteten ihre Fragen und gaben ihr hilfreiche Ratschläge.

Der Schauplatz solcher Träume ist ganz unterschiedlich,
wie wir in den Erfahrungsberichten im zweiten Teil dieses
Buches sehen werden. Manchmal scheinen diese Träume in
einer ganz normalen, dreidimensionalen Umgebung auf
der Erde stattzufinden, drinnen oder draußen unter freiem
Himmel; bei anderen Gelegenheiten haben sie eine ätherische, unirdische Qualität, die darauf schließen läßt, daß
man tatsächlich die jenseitige Dimension besucht hat.

Meine Mutter hatte ihr ganzes Leben lang, von frühester
Kindheit bis zu ihrem Tod, in ihren Träumen Kontakt mit dem
Jenseits gehabt. Einmal ging sie im Traum mit ihrem verstor-

benen Bruder zum Angeln. Nachdem mein Vater gestorben war, erschien er meiner Mutter oft im Traum; einmal befand sie sich in einem Zustand zwischen Wachen und Schlafen, wobei sie das Gewicht seines Körpers auf ihrem Bett und seine Anwesenheit im Raum deutlich fühlte.

Dr. Michael Persinger, der als Forscher an der Laurentian Universität in Kanada tätig ist, hat festgestellt, daß bei Menschen während sogenannter transzendentaler Erlebnisse eine nachweisbare Energieveränderung eintritt. Während eines solchen Ereignisses ist eine ungewöhnlich starke Verdichtung elektrischer Impulse im Gehirn zu beobachten, was auf erhöhte Gehirntätigkeit und gleichzeitig ein geringeres Maß an Beeinträchtigung durch die Begrenzungen von Raum und Zeit schließen läßt.

Wir Menschen sind, selbst in unserer physischen Form, Energiewesen mit unterschiedlichen Schwingungsfrequenzen und der Fähigkeit, unsere Schwingung zu erhöhen und damit empfänglicher für den Kontakt mit Energien anderer Dimensionen zu werden.

George Anderson, das wohl am gründlichsten untersuchte und getestete Medium, ist jederzeit in der Lage, mit dem Jenseits Kontakt aufzunehmen. Er ist der Protagonist des Bestsellers *We Don't Die: George Anderson's Conversations with the Other Side*, in dem er erklärt, daß wir »im jenseitigen Leben ein Gefühl der Erhöhung haben. Wenn wir mit der nächsten Dimension verschmelzen, verstehen wir auf einmal alles, wir fühlen uns spirituell und emotional erhoben. Vielleicht kommt daher der Ausdruck (in den Himmel) hinaufgehen.«

Auf die Frage, ob sich jeder Mensch im Jenseits automatisch im Zustand der Seligkeit befindet, antwortete Anderson: »Ich habe nie irgendwelche Beschwerden gehört, es

sei denn, eine Seele mußte sich in die niederen Ebenen begeben, weil der Mensch zu Lebzeiten ein Verbrechen ver-
übt, andere verletzt oder Selbstmord begangen hatte. Doch
in der Regel sind die meisten Seelen sehr glücklich und leben zufrieden in der Erkenntnis ihrer selbst, auch wenn sie
auf der Erde eher negativ und unglücklich gewesen waren.«

Woher kommt dieser Frieden?

»Lernen und Wachsen sind die Hauptaufgaben im jenseitigen Leben«, sagt Anderson. »Die Seelen sind in der
Lage, sich selbst zu verstehen, wenn sie wollen. Mir wurde
mitgeteilt, daß man eine grundlegende Entscheidung treffen muß, wenn man ›drüben‹ ankommt. Es ist wichtig, sich
selbst bewußt und furchtlos anzuschauen und zu tun, was
getan werden muß, um sich weiterzuentwickeln, ansonsten
kommt man ins Schwimmen und macht keine geistigen
Fortschritte.«

Nach den Informationen aller Menschen, die Kontakt
mit dem Jenseits hatten, besteht dieser Wachstumsprozeß
nicht nur in den Lektionen, die die Seele von ihren geistigen Lehrern erhält, sondern vor allem im Dienen.

George Anderson sagt dazu: »Es ist vergleichbar mit einem Job hier auf der Erde. Man nimmt im jenseitigen Leben einen geistigen Job an, bei dem die Seele Fortschritte
macht, indem sie anderen beim Übergang von dieser Dimension in die nächste behilflich ist oder indem sie den auf
der Erde Lebenden bei der Suche nach ihrem geistigen Weg
zur Seite steht oder ihnen in anderen, entscheidenden Situationen zu Hilfe kommt.«

Aufgrund ihres freien Willens kann sich jede Seele, unabhängig von dem Grad der Verblendung, den sie bei ihrer
Ankunft im Jenseits besaß, auf den Weg zum Licht begeben.

Es spielt zudem keine Rolle, welcher religiösen Tradition man auf der Erde gefolgt ist; im Jenseits gibt es keine Konfessionen. Wie George Anderson von Verstorbenen wiederholt mitgeteilt worden ist: »Der Weg liegt in dir selbst.«

Teil II

Fortgesetztes Leben, fortgesetzte Kommunikation

Was nach dem Tode geschieht, ist so unbeschreiblich herrlich, daß es unserer Phantasie und unseren Gefühlen nicht möglich ist, sich auch nur eine annähernde Vorstellung davon zu machen. C. G. Jung, *Briefe*

3. KAPITEL

Das Leben im Jenseits

In der zweiten Hälfte des 20. Jahrhunderts sehen wir, daß mit der Höherentwicklung des menschlichen Bewußtseins ein tiefgreifender Wandel eingetreten ist, der die Angst auflöst und Wissen und Verständnis mit sich bringt. Was wir noch im 19. Jahrhundert einen »Geist« genannt haben, bezeichnen wir heute als »geistige Energie«. Wir reagieren auf das Unbekannte nicht mehr negativ und ängstlich, sondern bekennen uns zu unserem Wissensdurst und der uns innewohnenden Begeisterung für die Vielfalt des Lebens, für seine mysteriösen Zusammenhänge und die Möglichkeiten eines höheren Bewußtseins.

Wir lernen, unsere Erfahrungen zu schätzen, unserer inneren Stimme zu folgen und alte Grenzen zu überschreiten. Wir freuen uns über die unendlichen Erscheinungen der Natur, die Entwicklung unseres Bewußtseins, den Wandel und die Erweiterung unserer Wahrnehmung sowie unser wahres Geburtsrecht, das uns Erkenntnis verspricht und das wir uns leider in der Vergangenheit oft aus Angst versagt haben.

Wir begeben uns heute im Falle einer Krankheit in tiefe, entspannte Bereiche unserer Seele, um Heilung zu erfahren; wir nehmen Kontakt auf mit Geistwesen aus dem Jenseits und bemühen uns darum, den Sinn des Lebens im allgemeinen und unsere persönliche Aufgabe in der Welt zu erkennen.

Wir wissen nun, daß wir rein geistige Wesen sind, die eine Zeitlang einen physischen Körper bewohnen. Bald werden wir diese Hüllen verlassen wie Schmetterlinge, die in voller Schönheit ihrem Kokon entfliegen.

Die höhere Dimension, mit der wir Kontakt aufzunehmen und die wir zu verstehen suchen, ist – betrachtet aus der Perspektive eines begrenzten Bewußtseins in der dreidimensionalen Ebene – eine unsichtbare Welt. Doch ist es die Welt, aus der wir alle kommen und in die wir zurückkehren werden, wenn unsere physischen Körper sterben.

Folglich wollen wir wissen: *Was geschieht jenseits der Schwelle?*

Nach dem Tod

Nach dem physischen Tod begibt sich der Geist des Verstorbenen zu seiner Weiterentwicklung in eine Welt von unvorstellbarer Schönheit und Freude. Die meisten von uns werden bei ihrer Ankunft von Freunden und Geliebten begrüßt, von bekannten Seelen, geistigen Führern oder Meisterseelen. Wir können besser denn je sehen, hören, fühlen, riechen und schmecken. Außerdem besitzen wir die Fähigkeit zur telepathischen Kommunikation und können Dinge *spüren*, die außerhalb unseres Empfindungsbereiches lagen, solange wir noch einen grobstofflichen Körper hatten.

Während sich eine Seele der Ebene des Lichtes nähert, streift sie die emotionalen Bindungen an ihre Erdenexistenz ab. Seelen, die vor ihrem Tod keinerlei Informationen über das Jenseits erhalten hatten, mögen die neuen Gegebenheiten zunächst als sehr verwirrend empfinden. Sie spüren, daß sie eine Art leuchtenden, durchsichtigen Körper besitzen, mit dem sie ohne Schwierigkeiten Objekte jeglicher Art durchdringen können. Möchte man irgendwohin reisen, reicht es, sich dorthin zu wünschen, und im nächsten Moment ist man da. Alles und jedes kann auf der Stelle durch Gedanken erschaffen werden.

Der heimgekehrte Geist begegnet spirituellen Wesenheiten, die ihm einen Spiegel seiner irdischen Existenz vorhalten – all seine Handlungen, Gedanken und Taten. Dieser Lebensrückblick versetzt die Seele in die Lage, sich selbst klar zu erkennen und zu beurteilen.

Die jenseitige Welt ist erfüllt von wunderschöner, vergeistigter Musik, die wir auf der Erde als »Sphärenmusik« bezeichnen. Die Seele befindet sich in einem Zustand der Ekstase und Verzückung; sie empfindet Frieden, Liebe, Hingabe, Freude, Herrlichkeit und unendliche Erleichterung; sie wird durchflutet von der unmittelbaren Erkenntnis einer höheren schöpferischen Kraft und dem Sinn des Lebens. Dunkle, negative oder weniger entwickelte Seelen empfinden diese Gefühle in einem wesentlich geringeren Ausmaß, und eine ihrer ersten Aufgaben im Jenseits ist es, ihre negative Sichtweise abzulegen. Diese Seelen bewohnen zwar vorübergehend niedrigere Schwingungsebenen, doch haben diese nicht das geringste gemein mit unserer Vorstellung von »Hölle«. Man kann die Bereiche der jenseitigen Welt eher mit den Klassen einer Schule vergleichen. Einige Seelen betreten das Jenseits zum Beispiel als Erstkläßler, während andere sich bereits in der fünften oder neunten Klasse befinden oder direkt auf die Universität ge-

hen. Innerhalb jeder Ebene werden bestimmte Lektionen
gelernt, Pflichten erfüllt und Kommunikationsmöglichkei-
ten zu den auf der Erde lebenden Menschen entwickelt, je
nach dem Zustand des Bewußtseins und der geistigen Entwicklung der Seele.

Die Ebenen

Im jenseitigen Leben befindet sich die Seele auf einer geistigen Ebene mit jenen, die ein ähnliches Bewußtsein und
vergleichbare Energien haben. Seelen in weniger entwickelten Bereichen, die zum Beispiel in ihrem Erdenleben
Verbrechen begangen haben, ist es nicht gestattet, mit den
auf der Erde Lebenden zu kommunizieren, bevor sie sich
weiterentwickelt haben. Jedoch ist es anderen Wesenheiten
möglich, Botschaften dieser Seelen an uns weiterzugeben.

Diese Ebenen sind Schwingungsebenen. Wir entwickeln
uns und verfeinern unsere Schwingung, bis wir eins werden
mit Gott, der Höheren Macht, der Schöpferischen Kraft.
Jeder Geist erhält in der jenseitigen Welt Gelegenheiten für
Hoffnung und Wachstum; freier Wille ist dort eine ebenso
grundlegende Voraussetzung für jegliche Entwicklung wie
in unserer dreidimensionalen Erdenwelt.

Doch ist nicht jede Seele im Jenseits erfüllt von Jubel
und Heiterkeit. Die Menschen befinden sich in demselben
geistigen Zustand, den sie beim Verlassen ihres Körpers
hatten, und ihr Lebensrückblick ist der Anfang eines Pro-
zesses zur Klärung und Überwindung ihrer Vergangenheit
und ihrer persönlichen Thematik. Eine Seele mit dem
Wunsch nach geistigem Fortschritt findet Hilfe und Unterstützung bei den vielen geistigen Führern, die im Jenseits le-

ben. Doch ohne diesen Wunsch gibt es keinen Fortschritt. Zum Beispiel können Menschen, die zu Lebzeiten einer Sucht verfallen waren, diese für immer hinter sich lassen – oder sie können sich durch pure Gedankenkraft einen endlosen Vorrat jener Substanzen schaffen, von denen sie auf der Erde abhängig waren, und somit noch tiefer in die Dunkelheit, den Schmerz und den negativen Kreislauf von Abhängigkeit versinken.

Wenn man ein Geistwesen geworden ist, kann man andere Seelen auf derselben Ebene besuchen und auch solche, die sich in niederen Ebenen aufhalten. Es ist jedoch nicht möglich, sich in *höhere* Bereiche zu begeben. Dorthin gelangt man nur, wenn der Geist sich durch das Lernen und Leben spiritueller Lektionen von Liebe, Mitgefühl, Respekt und Zusammengehörigkeit entfaltet hat. Nur unter ganz besonderen Umständen und begleitet von einem geistigen Führer ist es einer Menschenseele gestattet, eine Ebene oberhalb derjenigen zu besuchen, auf der sie momentan existiert.

Das tägliche Leben

Eine Seele kann im Jenseits alles erschaffen, was sie möchte: jegliche Art von Umgebung, jedes Objekt, Nahrungsmittel, Getränke, Rauschmittel – und alles allein durch die Kraft ihrer Gedanken. Auch das Reisen geschieht auf die gleiche Art. Man denkt zum Beispiel ans Angeln, und schon fühlt man die Angelschnur in der Hand; man möchte einen Freizeitpark besuchen und ist schon mittendrin; man wünscht sich auf einen Berg oder dirigiert ein Orchester – der Gedanke allein erschafft die gewünschte Realität. Die Seele kann sich einen Ort erschaffen, der sie an ihre Erdenexistenz erinnert, oder eine Umgebung voller Farben, Licht und Tönen kreieren, die so nur in der höheren Dimension mit all ihrer ätherischen Schönheit, Form und Funktion möglich ist.

Auch als körperloses Geistwesen hat man Lektionen zu lernen, Schulen und Klassen zu absolvieren; man muß verantwortungsvolle Arbeiten erledigen, übernimmt Aufgaben in den verschiedensten Organisationen und diverse Pflichten entsprechend der spirituellen Schwingungsebene, den Talenten, Interessen und persönlichen Anlagen. Dabei findet man sich oftmals in einer Situation wieder, die derjenigen entspricht, die man sich in der dreidimensionalen Welt geschaffen hatte.

Wenn man sich einmal im Jenseits eingerichtet hat, kann man zum Beispiel eine Zeitlang als Berater tätig sein und Neuankömmlingen, mit denen man gewisse Anlagen gemeinsam hat, den Übergang in die neue Dimension erleichtern. Auch kann man Mitglied einer Seelengruppe werden, die den noch auf der Erde Verkörperten Beistand und Führung angedeihen läßt. Diese Seelengruppen bieten Hilfe in allen erdenklichen Bereichen – beruflich, künstlerisch, medizinisch, politisch, gesellschaftlich und persönlich. Geisteswesen in dieser höheren Dimension beobachten das Leben auf der Erde sehr genau, um in der Lage zu sein, uns soviel Unterstützung wie möglich geben zu können. Sie arbeiten mit viel Liebe und Freude mit uns zusammen und helfen uns, unsere Schwingungen zu verfeinern. Je höher diese Schwingungen sind, je mehr man im Licht, in Frieden, Harmonie, Mitgefühl und Liebe lebt, desto entwickelter ist die Seele, wenn sie schließlich in die höhere Dimension des jenseitigen Lebens heimkehrt.

Während des Aufenthaltes im Jenseits ist man nicht nur mit denen vereint, die man auf der Erde kannte, sondern man trifft neue Seelen und andere Geistwesen, die höher entwickelt sind und von denen viele noch nie einen menschlichen Körper bewohnt haben. Zunächst wird die Seele bei ihrem Übergang ins Jenseits von besonderen Schutzgeistern und jenen Wesen empfangen, die ihr von der Erde her vertraut sind. Das geschieht in erster Linie, damit dem Menschen die Einsamkeit des Übergangs von seinem physischen Tod in die geistige Dimension erleichtert wird. Auch erscheinen dann andere Lichtwesen, die den Neuankömmling mit vollkommener Liebe umgeben und ihn willkommen heißen. Alle Geistwesen im Jenseits, die altbekannten und die neu kennengelernten, sind für die Seele jederzeit erreichbar.

In der jenseitigen Dimension geschieht die Kommunikation durch Sprechen, aber auch mit Hilfe von Telepathie und Gedankenübertragung.

Liebe ist die höchste und Angst die niedrigste Schwingungsfrequenz in dieser Ebene, genau wie in unserer dreidimensionalen Erdenwelt.

Kinder

Seelen, die im Kindesalter ins Jenseits eingehen, verbringen soviel Zeit, wie sie brauchen, mit ihren dort befindlichen Familienmitgliedern. So wie auf der Erde verbringen sie ihre Zeit sowohl mit Spielen als auch mit Lernen. Kindern fällt es oftmals wesentlich leichter als Erwachsenen, sich mit den neuen Gegebenheiten dieser höheren Dimension vertraut zu machen, da ihr Geist klarer, reiner und offener

ist, was zur Folge hat, daß sie wesentlich schneller vom Licht
des Geistes erfüllt sind.

Energiefrequenzen

Wir können die Schwingungsfrequenz unserer Energie bereits erhöhen, während wir noch in unserem physischen
Körper wohnen. Viele Menschen haben den daraus resultierenden Effekt bereits öfter gespürt, aber nicht zu identi-
fizieren vermocht. Erinnern Sie sich zum Beispiel an Mo
mente, in denen Musik Sie in einen freudigen, sehr
lebendigen Zustand glücklicher Verbundenheit versetzt
oder der Aufenthalt am Meer, in den Bergen, im Wald und
in anderer natürlicher Umgebung Ihr Herz mit Dankbarkeit und Frieden erfüllt hat? Vergegenwärtigen Sie sich den
Zustand, in dem Sie sich befinden, wenn Sie beten, meditieren, tanzen oder mit einem geliebten Menschen zusammen sind. All dies vermittelt der Seele ein Gefühl der Einheit mit dem Universum, mit einer Höheren Macht, mit der
Liebe, ein Gefühl von dem Mystiker und Philosophen von
alters her berichten. Diese Einheit ist ein Gefühl, das *jeder*
haben kann, und das damit einhergehende Empfinden der
Verbundenheit erhöht die Schwingungsfrequenz unserer
Energie.

Der Schlüssel zu dieser erhöhten Energiefrequenz in
der dreidimensionalen Erdenebene liegt in einem gesun-
den Körper, der frei ist von Gift und der in erster Linie mit
natürlichen organischen Lebensmitteln versorgt wird, die
die Energie des Körpers unterstützen und die elektroma-
gnetischen Ströme des Gehirns anregen.

In der höheren, geistigen Ebene fällt die Beeinträchtigung des Geistes durch den Körper fort, da dieser entweder vorübergehend oder für immer zurückgelassen worden ist. Die Schwingungsfrequenz der Seele verfeinert sich dann unablässig hin zu den noch höheren Dimensionen, bis sie den Zustand des reinen Lichtes bzw. der »Erleuchtung«, erreicht.

Reise zwischen den Dimensionen

Wir können mit Menschen, die im Jenseits leben, durch Träume, Visionen, Meditation, während eines außerkörperlichen oder eines Nahtod-Erlebnisses und in anderen Situationen in Verbindung treten, in denen unser Bewußtsein sich in einem erweiterten Zustand befindet.

Ereignen sich diese Begebenheiten in der dreidimensionalen physischen Welt oder in der höheren Dimension, in der sich das Jenseits befindet? Die einfache Antwort darauf lautet: Es kommt auf die Situation an.

Während eines außerkörperlichen oder Nahtod-Erlebnisses und zuweilen auch in anderen Zuständen erweiterten Bewußtseins reist unsere Seele in die fünfte Dimension.

Die Wissenschaft hat noch nicht herausgefunden, wie unser *grobstofflicher Körper* in die nächsthöhere Ebene zu befördern ist, doch unsere *Seelen* haben schon immer die Reise dorthin unternehmen können, als vorübergehende Besucher oder um dort zu verweilen.

In einem ihrer Träume ging meine Mutter mit ihrem verstorbenen Bruder zum Angeln. In diesem Falle begab sich ihre Seele in die fünfte Dimension, wo sich die beiden in einer wunderschönen Umgebung, die an die Erde erinnerte, wiederfanden; der Geist ihres Bruders hatte diesen Ort für sie beide geschaffen.

Physiker nehmen an, daß höhere Dimensionen einen wichtigen Teil des Universums ausmachen. »Die Bedeutung dieser Theorie liegt in der Tatsache, daß sie alle uns bekannten physischen Phänomene in einem erstaunlich einfachen Rahmen vereint«, sagt dazu der japanische Physiker Michio Kaku. Er ist Autor des Buches *Hyperspace* und einer der Pioniere der Idee eines mehrdimensionalen Universums, die heute eines der am intensivsten von der Wissenschaft untersuchten Konzepte darstellt. »Alles, was uns umgibt – von den Bäumen über die Berge bis hin zu den Sternen – ist nichts anderes als Schwingungen im Hyperspace«, behauptet Michio Kaku.

Und er fügt hinzu: »Das Aufregende an der Hyperspace-Idee liegt für die Wissenschaft darin, daß sie offenbar die bekannten Naturgesetze in einer einzigen Theorie vereint und uns damit die Verbundenheit aller existierenden physischen Formen untereinander beweist.«

In unserer dreidimensionalen Welt betrachten wir Länge, Weite und Breite als jeweils eine Dimension. Wissenschaftler bezeichnen Zeit als die vierte Dimension. Das mehrdimensionale Universum beginnt mit der fünften Dimension. Die physikalische Entsprechung dieser fünften Dimension ist laut Annahme der Wissenschaft das Licht, das als Vibration in Erscheinung tritt.

Die Hyperspace-Theorie geht sogar noch weiter und spricht von zehn Grund-Dimensionen, insgesamt sogar bis zu 26 Dimensionen im Universum. Diese zusätzlichen Ebenen existieren im Weltraum jenseits jener Dimensionen, die wir unter sogenannten normalen Bedingungen auf der Erde erfahren können.

Und was ist in diesem Raum? Die Wissenschaft spricht von einer unendlichen Anzahl paralleler Universen, die hin und wieder durch »Wurmlöcher« – ähnlich wie Tunnel, die Raum und Zeit miteinander verbinden – in unsere Dimension hineinreichen, und umgekehrt. Theoretisch ist es möglich, daß diese Tunnel auch die Tür für Zeitreisen öffnen können, und die Tatsache, daß diese höheren Ebenen von der Wissenschaft physikalisch beschrieben werden können, erleichtert uns die Vorstellung einer Dimension, in der wir vor unserer Geburt und nach unserem Tod als reine, höhere Energieschwingungen existieren.

Die Wissenschaftler behaupten, wir seien gegenwärtig noch nicht in der Lage, eine ausreichende Menge reiner Energie aufzubringen, die es uns ermöglichen würde, physische Materie in höhere Dimensionen zu transportieren.

Doch wäre die Materie nicht so dicht, sondern besäße statt dessen eine höhere Schwingungsfrequenz, könnte sie ohne Schwierigkeiten dorthin gelangen. Und wären wir Menschen bereit, unseren Körper zurückzulassen, könnten wir mittels der höheren Schwingungsfrequenzen unserer Seele reisen.

Als geistige Wesen, die nur vorübergehend in physischen Körpern wohnen, sind wir zu Reisen zwischen den Dimensionen fähig.

Der Geist (das Bewußtsein) kann sich jederzeit vom Körper trennen und Erfahrungen in anderen Bereichen des Universums machen; außerkörperliche Erfahrungen, Nahtod-Erlebnisse, Träume, meditative Zustände und Visionen legen Zeugnis dafür ab. Diese Fähigkeit zur vorübergehenden Loslösung des Geistes von der groben Materie des physischen Körpers erklärt unter anderem auch die Phänomene des Hellsehens und der Gedankenübertragung.

Aus den nachfolgenden Berichten geht eindeutig hervor, wie sehr *wir alle* in der Lage sind, Reisen und Verbindungen sowohl von der dreidimensionalen Realität zu den höheren Dimensionen als auch umgekehrt aufzunehmen, ob wir nun »tot« sind oder »lebendig«, denn unser Bewußtsein/Seele/Geist ist immer lebendig. Es ist ewig.

4. KAPITEL

Kommunikation:
Ein ununterbrochener Austausch

Wie aus den Erlebnisberichten im folgenden Kapitel hervorgeht, ist es die natürlichste Sache der Welt für uns Menschen, in Kommunikation mit höheren Dimensionen zu stehen. Sie brauchen weder magisches Zubehör noch die Hilfe eines Mediums, um Botschaften und Hilfe von Wesen aus dem Jenseits zu erhalten oder um mit ihnen in Verbindung zu treten. Falls dies sehr einfach klingt, dann liegt das daran, daß es tatsächlich sehr einfach *ist*.

Je mehr Sie entdecken, wie natürlich und mühelos diese Kommunikation sein kann, desto mehr werden Ihre Erfahrungen die Unkompliziertheit dieses Vorganges bestätigen. Sie haben wahrscheinlich schon des öfteren Kontakt zu Verstorbenen und Geistwesen im Jenseits aufgenommen oder sind von ihnen besucht worden, ohne daß Ihnen klar war, daß diese Erlebnisse tatsächlich Kontakte mit höheren Dimensionen darstellten. Sie wußten wahrscheinlich einfach nicht, was Ihnen widerfuhr und wie es einzuordnen war.

Um die Möglichkeiten zu dieser Art der Kommunikation zu erweitern, biete ich Ihnen im folgenden ein paar Richtlinien und Ratschläge an, die Ihnen dabei helfen können, ein aufnahmefähigeres Bewußtsein zu entwickeln. Doch wie Sie den Erzählungen des folgenden Kapitels entnehmen können, ist es denjenigen, die in der höheren Dimension weilen, auf vielfältige Art möglich, mit uns in Kontakt zu treten, selbst wenn wir von uns aus nicht dazu in der Lage sind (in erster Linie, weil wir nicht an diese Möglichkeit glauben). Letztendlich ist es unser Annehmen dieser Kontakte, das es uns erlaubt, deren Zweck zu erkennen und zu verstehen. Je stabiler wir in unserer geistigen, seelischen, körperlichen und emotionalen Haltung sind, desto offener sind wir für die Kommunikation mit dem Jenseits und desto klarer und verständlicher werden die Informationen sein, die wir im Verlaufe dieser unmittelbaren, intuitiven, transzendenten Begegnungen erhalten.

Wir müssen lernen, die Zeichen zu verstehen, die solche Formen der Kommunikation begleiten: Synchronizität, Hellsichtigkeit, Hellhören, Hellfühlen, sichtbare Formen geistiger Energie, Träume, Symbole, das Gefühl physischer Anwesenheit körperloser Wesen, die unerklärliche Bewegung von Gegenständen und die Kommunikation während verschiedener Zustände veränderten Bewußtseins.

Im folgenden Kapitel werden wir diverse Kommunikationsmethoden kennenlernen, die von Menschen der unterschiedlichsten Herkunft und Glaubenshaltung in ihrem Kontakt mit Personen im Jenseits erfahren wurden. Mancher, der hier seine Geschichte erzählt, hat sich bewußt darauf eingestellt, eine Kommunikation zu senden oder zu empfangen, während sich andere plötzlich und unvorbereitet im Kontakt mit dem Jenseits befanden. In jedem Fall hat das entsprechende Erlebnis den Beteiligten ein tieferes Bewußtsein der elementaren Tatsache gegeben, daß das Leben nach dem Verlassen des Körpers weitergeht. Alle diese

Menschen – wie stark auch immer ihre intuitive Empfangs-
bereitschaft entwickelt war – fühlten sich durch diese Erfahrung gestärkt, und in vielen Fällen erfuhren sie unmittelbare Hilfe in ihren alltäglichen Angelegenheiten. Und
alle genossen sie die unwiderlegbare Erkenntnis, daß die
Beziehung zu ihren »verstorbenen« Angehörigen weiterhin
besteht.

Lassen Sie uns zunächst einen Blick auf die Grundsätze
der Kommunikation werfen.

Den Kontakt aufnehmen

Es ist uns oftmals nicht bewußt, daß wir uns in der Gegenwart geistiger Wesenheiten befinden. Was wir für eine Ahnung halten, einen Zufall, einen Traum, einen Gedanken
oder ein Gefühl, ist in Wahrheit manchmal auf die Anwesenheit oder die Botschaft eines Wesens aus der höheren
Dimension zurückzuführen, das Kontakt mit uns aufnehmen will. In der Regel kommunizieren die Bewohner der
jenseitigen Welt mit uns durch Gedankenübertragung; indem wir diese Möglichkeit annehmen, können wir lernen,
für eine solche Begegnung offen zu sein. Es ist nicht immer
möglich, Geistwesen unmittelbar zu erreichen, denn sie haben in ihrer Dimension viele Aufgaben zu erfüllen und können nicht ständig nur über *uns* schweben. Doch früher oder
später erhalten sie unsere Mitteilungen und werden sich
dann so schnell wie möglich um uns kümmern.

Wollen Sie versuchen, Kontakt mit Personen im Jenseits
aufzunehmen, sollten Sie die folgenden Ratschläge zur
Schaffung einer empfänglichen Atmosphäre beachten:

■ Achten Sie darauf, daß Sie ungestört sind.
  Zünden Sie eine Kerze an, lassen Sie Räucherstäbchen
  brennen und legen Sie Musik auf, die der Verstorbene
  besonders gern mochte.

■ Entspannen Sie sich in einer bequemen Position, bis ein
  Gefühl der Ruhe Sie erfüllt.

■ Seien Sie offen für das Aussenden und Empfangen von
  Gefühlen und Botschaften.

■ Hüllen Sie sich in Liebe und positive Gefühle.

■ Erinnern Sie sich an ein angenehmes Erlebnis oder an
  etwas, das der jenseitigen Seele gehörte und das sie
  liebte, um auf diese Weise eine emotionale Verbindung
  herzustellen.

■ Nehmen Sie keine bewußtseinsverändernden Drogen
  oder Alkohol zu sich.

■ Sprechen Sie laut oder leise ein Gebet, das Ihren Wunsch
  nach Kontakt zum Besten aller Beteiligten ausdrückt.

■ Hören Sie ruhige, instrumentale Musik die Ihrem Ge-
  schmack zusagt.

■ Meditieren Sie.

■ Atmen Sie tief und gleichmäßig.

Dies sind keine Tips zur Abhaltung einer Séance oder zum
Vorführen von Tricks, sondern es handelt sich dabei um spirituelle Praktiken, welche die Schwingungsfrequenz erhöhen und dabei behilflich sind, den Weg zur geistigen Kommunikation vorzubereiten.

 Erwarten Sie nicht sofortigen geistigen Kontakt, obwohl
diese Möglichkeit nicht ausgeschlossen ist. Wenn Sie sich regelmäßig auf diese Art der Kontaktaufnahme öffnen, schaffen Sie die Voraussetzung für eine fortgesetzte Beziehung zu
Geistwesen. Sie werden dann vielleicht nach einiger Zeit

feststellen, daß sich der Kontakt durch Träume, während der
Meditation, durch Synchronizitätserfahrungen oder einfach
in einem Gefühl der Anwesenheit und des Geführtseins ma-
nifestiert.

Hat man sich erst einmal in eine empfängliche Stimmung versetzt, fällt den Wesen im Jenseits die Kommunikation mit uns um ein Vielfaches leichter. Sie *wollen* meist
tatsächlich Kontakt mit uns aufnehmen, nur sind wir oftmals nicht aufnahmefähig, oder es ist uns unmöglich, die
entsprechenden Zeichen zu erkennen.

Wenn Sie jedoch bereit sind zur Kommunikation mit
Verstorbenen in der jenseitigen Welt und sich dafür offenhalten, wird es nicht lange dauern, bis Sie jederzeit den
Kontakt erkennen und empfangen können. Sollten Sie Verbindung mit einem bestimmten Wesen in einem besonderen Moment wünschen, können Sie diesen Kontakt herstellen, indem Sie eine liebevolle Stimmung in einer
aufnahmebereiten Umgebung schaffen und dann um die
Gegenwart dieser bestimmten Seele bitten. Auch der vor
dem Einschlafen geäußerte Wunsch nach einer Kommunikation im Traum kann die erhoffte Begegnung her-
beiführen.

Kontakt in beide Richtungen

Wenn Sie mit jemandem Kontakt aufnehmen wollen, ob er
nun in einem physischen Körper in unserer dreidimensionalen Realität oder als Geist in der höheren Dimension des
Jenseits lebt, so geht es immer um Wechselseitigkeit und die
Fähigkeit, klare Signale zu senden und zu empfangen, auf
welche Weise auch immer sie vermittelt werden.

Ich empfehle Ihnen in diesem Zusammenhang, die folgenden wichtigen Aspekte nicht aus den Augen zu verlieren:

■ Sollten Sie aus irgendeinem Grund blockiert sein, so wird die Seele oft durch eine andere, aufnahmebereite Person den Kontakt herstellen. Man nennt sie *Medium*, und viele Menschen, die man ansonsten als »normal« bezeichnet, haben diese Fähigkeit. Es muß sich dabei nicht um professionelle Experten handeln, sondern es können auch Freunde, Familienmitglieder oder Kollegen sein.

■ Tun Sie sich mit Gleichgesinnten zusammen. Es fällt leichter, den Kontakt zur jenseitigen Welt in einer Gruppe aufzunehmen, denn dadurch wird Ihr Bewußtsein und damit Ihre Energiefrequenz bedeutend erhöht.

■ Versuchen Sie nicht, einen Kontakt mit den Seelen im Jenseits zu erzwingen; vielleicht sind sie gerade anderweitig beschäftigt. Es reicht, wenn Sie die telepathische Bitte um Kommunikation aussenden, die dann entweder von der gewünschten Seele oder von anderen Geistwesen empfangen und zur rechten Zeit beantwortet werden wird.

■ Es ist den Bewohnern des Jenseits nicht möglich, Sie zu irgendwelchen Handlungen zu zwingen und damit Ihren freien Willen auszuschalten. Sie sind jedoch in der Lage, den Menschen positiv zu beeinflussen und zu leiten; sie können seinen Geist mit neuen Ideen, Gedanken und hilfreichen Suggestionen erfüllen und es ihm damit ermöglichen, die richtigen Entscheidungen zu treffen und sein Leben in harmonischere Bahnen zu lenken.

■ Wenn Sie erst einmal die Bereitschaft zur Kommunikation geschaffen und sich dafür geöffnet haben, werden

Sie feststellen, daß Sie hin und wieder die Anwesenheit eines Wesens aus dem Jenseits an einem bestimmten Zeichen erkennen können: durch einen Duft, eine Berührung, eine Empfindung; durch ein Symbol, dessen Inhalt Sie sofort verstehen, durch einen Schauer, der Ihnen den Rücken hinabläuft, ein flackerndes Licht oder Töne, die plötzlich ohne erkennbare Ursache erklingen. Diese Zeichen können zu jeder Zeit auftauchen, selbst wenn Sie nicht bewußt um Kontaktaufnahme gebeten haben.

- Geistwesen besitzen die gleichen fünf Sinne wie wir »Lebenden«. Außerdem fühlen sie Freude, Kummer, Trauer, Liebe – die ganze Vielfalt der uns bekannten Emotionen. Auch Hunger ist ihnen nicht unbekannt, obwohl das Essen im Jenseits sich nicht mit unseren Nahrungsmitteln vergleichen läßt; vielmehr handelt es sich dabei um energetische Entsprechungen der grobstofflichen Substanzen, die der Seele jedoch die gleiche Befriedigung geben.

- Die Seelen Verstorbener stellen den Kontakt mit Lebenden besonders häufig im Traum her, denn auf diese Weise ist er dem Menschen angenehmer und leichter annehmbar: er empfindet keinen Schrecken, wenn er einem Verstorbenen im Traum begegnet. Zudem ist das Normalbewußtsein während des Schlafes weitgehend ausgeschaltet, was es dem Unterbewußtsein ermöglicht, im Traumzustand aktiv und empfangsbereit zu sein.

- Legen Sie ein Traumbuch an und notieren Sie alles, was Ihnen im Traum mitgeteilt oder durch Symbole gezeigt worden ist.

- Bitten Sie vor dem Schlafengehen um klare, prägnante, unmittelbare Informationen von einem Wesen der jenseitigen Welt, und Sie werden sie in der Regel dann im

Traum erhalten. Ich persönlich bin kein großer Freund von Symbolen; ich ziehe eine direkte verbale oder telepathische Kommunikation vor. Sie können soviel Informationen und Auskunft erhalten, wie Sie wollen, und sich jede Nacht mit Ihren Lieben aus der jenseitigen Welt treffen. Es ist jenen sogar möglich, Sie zu einem Besuch in der höheren Dimension des Nachtodlebens mitzunehmen und Ihnen zu zeigen, was die Seelen dort tun und lernen. Ich habe viele solcher »Reisen« an der Seite meiner Mutter unternommen. Die visuellen Eindrücke, Klange, Farben und Gefühle sind so wunderbar, daß sie mit Worten nicht ausgedrückt werden können – man muß sie persönlich erfahren.

■ Die Geistwesen der jenseitigen Welt werden gewissenhaft und zuverlässig tätig, um die Geschehnisse im Leben eines Menschen positiv zu beeinflussen, insbesondere, wenn sie ausdrücklich darum gebeten wurden.

■ Sie lieben es, wenn man mit Ihnen in Verbindung bleibt und ihre Kommunikationsversuche erkennt und erwidert. Die Seelen kommen zu uns aus einem Gefühl der Liebe und Anteilnahme und mit dem Wunsch, uns wissen zu lassen, daß sie sehr wohl »lebendig« sind.

■ Geistwesen haben oftmals einen ausgeprägten Sinn für Humor.

Ich habe schon früh erfahren, daß es keinen Grund gibt, den Tod zu fürchten. Ich weiß, daß wir sowohl in unserem Erdenleben als auch im Jenseits Verantwortung für unsere Taten und Gedanken übernehmen müssen und daß uns schwierige Situationen nicht widerfahren, damit wir an ihnen scheitern, sondern weil wir durch sie wertvolle und wichtige Lektionen erhalten. So können wir jede Aufgabe

mit Hilfe unseres höheren Selbst und der universellen Ge-
setze von Liebe, Glauben, Ausdauer, Vergebung und Mitgefühl meistern.

Einige Mißverständnisse

Geistige Wesenheiten wurden früher oft als »Geister« bezeichnet, da sie hin und wieder in ihrer ätherischen, durchsichtigen Form sichtbar sind. Diese Energieformen sind die
Basis für das weit verbreitete Mißverständnis, Seelen seien
in weiße Umhänge gehüllt, obwohl geistige Energie, in
Wirklichkeit äußerst selten gesehen werden kann.

Um einige weitere Mißverständnisse aufzuklären, beachten Sie bitte die folgenden Fakten in bezug auf das Leben in der jenseitigen Welt:

■ Bei unserem Tod werden wir nicht mit einem Paar Flügel
versehen. Das Jenseits ist kein Ort, an dem wir auf eine
Wolke gesetzt werden, auf der wir fortan herum-
schweben.

■ Wir werden weder in den Himmel noch in die Hölle oder
ins Fegefeuer geschickt, sondern begeben uns vielmehr
auf eine geistige Schwingungsebene, auf der wir ähnlich
gearteten Seelen begegnen und von der aus wir uns weiterentwickeln.

■ Wir bleiben nicht ewig so, wie wir in unserem Erdenleben
waren. Ein niederträchtiger, selbstsüchtiger Mensch zum
Beispiel wird schließlich zu einem liebevolleren, glückli-
cheren Wesen werden. Da in den höheren Ebenen des
Universums Zeit nicht existiert, spielt es keine Rolle, wie
lange dieser Prozeß dauert. Da die Seelen einen freien

Willen haben, werden einige früher, andere später an ihr Ziel gelangen.

- Die Wesen der geistigen Welt »tun« nichts für die auf der Erde Lebenden, doch sie helfen, geben Ratschläge und synchronisieren Ereignisse, sie leiten, harmonisieren und senden Energie.

- Wir erhalten nach unserem Eintritt ins Jenseits keine besondere Kleidung oder himmlische Roben. Die geistige *Erscheinung* unserer Seele reflektiert den Grad ihres Bewußtseins und ihrer spirituellen Entwicklung.

- Wir können uns als Seelen den auf Erde Lebenden nähern und durch sie hindurchgehen.

- Es ist uns im Jenseits möglich, aus jeder beliebigen Entfernung direkt oder mit Hilfe eines anderen Geistwesens mit unseren Lieben in der dreidimensionalen Realität Kontakt aufzunehmen. Kommunikation geschieht unabhängig von Zeit und Raum. Wir begeben uns an jeden gewünschten Ort allein durch die Kraft unserer Gedanken.

- Geistige Wesen sind – im Gegensatz zu den »Lebenden« – in keiner Weise durch die physische Materie eingeschränkt.

- Es gibt keine bösen Geister. Sowohl auf der irdischen Ebene als auch in den höheren Bereichen des Universums ist es möglich, durch Angst und in der entsprechenden Erwartungshaltung negative Energie anzuziehen. Doch schützt uns die geistige Kraft des Lichtes und der Liebe. Geistwesen wollen und können keinen auf der Erde weilenden Menschen aus Rache oder Zorn in ihre Gewalt bringen; es ist uns aber jederzeit möglich, diese zerstörerischen Kräfte durch entsprechendes Verhalten *in uns selbst* zu wecken.

Heilung

Geistige Wesen sind in der Lage, den Menschen auf der Erde Heilung zukommen zu lassen, und ihre Heilungskräfte sind noch wirksamer, wenn wir sie ausdrücklich darum bitten. Sie erfüllen uns mit positiver, liebevoller Energie, die unsere Schwingungsfrequenz erhöht und uns damit zur Gesundung verhilft. Das heißt also, daß wir im Grunde genommen durch unsere eigene Energie geheilt werden, die von jenseitigen Wesenheiten lediglich intensiviert wurde.

Tiere

Auch Tiere haben eine Seele, und oft geschieht es, daß sie uns nach ihrem Tod im Traum begegnen oder als Visionen im täglichen Leben erscheinen. Während ihres Erdenlebens sind Tiere im Gegensatz zu Menschen oftmals in der Lage, die Anwesenheit von Geistwesen zu spüren, zu sehen oder zu hören, was sie dann mit lauten Äußerungen oder ungewöhnlichem Verhalten kundtun.

Kinder

Kinder, die in jungen Jahren sterben, verbringen oft noch viel Zeit in der Gegenwart ihrer Erdenfamilie und sind währenddessen unter ständiger liebevoller Aufsicht und Führung durch andere Geistwesen. Wenn die Seelen von Kindern Kontakt zu ihren Familien herstellen, erscheinen sie oft älter oder jünger, als sie zum Zeitpunkt ihres Todes waren; auch kommt es vor, daß sie sich besser auszudrücken vermögen, als es normalerweise ihrem Alter entsprechen würde. Dies hängt mit dem Erkenntnisstand der jeweiligen Seele zusammen.

Rituale

Die bewußt herbeigeführte Kommunikation mit Verstorbenen ist seit jeher ein Teil des Lebens bei allen Stammeskulturen, und es mag von Vorteil sein, wenn Sie die eine oder andere der bei ihnen angewandten Zeremonien verwenden, die Ihnen besonders zusagt. Jedoch ist es für den Kontakt mit dem Jenseits nicht nötig, Rituale durchzuführen.

Als ich während meines Japan-Aufenthaltes bei buddhistischen Familien lebte, fiel mir auf, daß diese täglich an ihren Hausaltären zu den Seelen ihrer Verstorbenen beteten und sie um Führung und Beistand ersuchten. Sie beteten auch für den ewigen Frieden ihrer Vorfahren und brachten ihnen Essensgaben dar, insbesondere Früchte.

Falls Sie die Symbolik von Ritualen lieben, sollten Sie diese in jedem Fall in Ihr geistiges Leben mit einbeziehen.

5. KAPITEL

Kommunikation mit dem Jenseits – Erfahrungsberichte

Ich fühle so oft die geistige Gegenwart meiner Mutter, daß es mir manchmal vorkommt, als sei sie nie weggegangen. Wenn ich zum Beispiel eine wichtige geschäftliche Entscheidung treffen muß, höre ich ihre Stimme, die mir Ratschläge gibt. Zu Lebzeiten war sie gerne der Mittelpunkt jeder Party, und auch jetzt noch begleitet sie mich bei den verschiedensten gesellschaftlichen Anlässen, bei meinen Reisen und wenn ich meine spirituelle Arbeit mit Gruppen oder Einzelpersonen durchführe. Sie steht mir in allen Bereichen meines Lebens hilfreich zur Seite, unterstützt meine geistige Entwicklung und achtet insbesondere auf meine Gesundheit. Während ihres irdischen Lebens hatte sie die Fähigkeit, andere Menschen zu heilen. Heute kommt ihre Heilungskraft durch *meine* Hände; ich weiß, daß es *ihre* Energie ist, denn sie fühlt sich anders an als andere energetische Ströme.

Mein Freund Bob, den ich bereits in einem früheren Kapitel erwähnt habe, arbeitete zu Lebzeiten im medizinischen Bereich. Seit er an Komplikationen im Zusammenhang mit Aids gestorben ist, hilft er anderen, die nach einer durch Aids hervorgerufenen Krankheit ins Jenseits eingehen, und er konzentriert auch heute noch einen Großteil seiner Energie auf die Heilung von Kranken. Wann immer ich in meiner Arbeit mit einem medizinischen Problem konfrontiert bin, bitte ich ihn um seine Hilfe, und es dauert nicht lange, bis ich sein Mitgefühl, seine heilende Kraft und seine behutsame Führung spüren kann.

Mein Vater war in unserer dreidimensionalen Welt für die Instandhaltung eines Golfplatzes zuständig. Seine große Liebe galt der Natur. Wann immer ich heute in meinem Garten arbeite und die Blumen und Sträucher versorge, empfinde ich deutlich die geistige Anwesenheit meines Vaters und stelle fest, daß ich in seiner Gegenwart viel besser weiß, was ich zu tun habe!

Viele Menschen überall auf der Welt haben eine kontinuierliche Beziehung zu ihren Lieben, die bereits im Jenseits weilen. Die folgenden Beispiele sind inspirierend, aufklärend und lehrreich.

Es ist nicht ungewöhnlich, daß eine ganze Familie mit ihren Verstorbenen in Kontakt bleibt. Zwei solcher Familien berichten im folgenden von ihrer fortgesetzten Beziehung zu einem Angehörigen, der bereits im Jenseits weilt. Die erste Erzählung stammt von einer protestantischen Familie, die im Mittleren Westen der USA lebt, und den Abschluß bildet die Geschichte einer jüdischen Familie in Neuengland; dazwischen sind die Berichte verschiedener Einzelpersonen wiedergegeben. Sie alle beweisen, daß mit dem Übergang in eine höhere Dimension das Leben nicht nur weitergeht, sondern daß der Kontakt zwischen unserer dreidimensionalen Welt

und dem Jenseits auch ununterbrochen aufrechterhalten werden kann.

Stellen Sie sich eine typische Familie der oberen Mittelklasse im Mittleren Westen vor: Mutter, Vater, mehrere Kinder – und ein Haus voller Besucher *aus dem Jenseits.* Großeltern, Freunde, sogar Verstorbene, die sie vorher nie gekannt haben.

Diese wahre Geschichte handelt jedoch nicht von Geistern und unheimlichen nächtlichen Begebenheiten, sondern sie zeigt vielmehr das Bild einer Familie, die sich der Kommunikation mit Wesen aus den höheren Dimensionen geöffnet hat.

Lindas Mutter hatte gerade eine sehr schwierige Operation hinter sich – wobei der verantwortliche Arzt später zugab, sie »verpfuscht« zu haben, wie Linda berichtet. Es war offensichtlich, daß die 69jährige Frau kurz vor ihrem Tod stand.

»Am Tage ihres Todes saß ich den ganzen Tag an ihrer Seite«, erzählt Linda, selbst Mutter von fünf Kindern. »Ich sagte ihr, daß ich sie liebe. Dann bat ich sie darum, nach ihrem Dahinscheiden mit mir in Kontakt zu bleiben, und versprach ihr, mich immer dafür offenzuhalten.«

Wie in vielen ähnlichen Situationen begann auch hier die Kommunikation mit dem Jenseits mit dieser einfachen, tief empfundenen Bitte.

In der Nacht nach dem Begräbnis ihrer Mutter im Februar 1989 befand sich Linda im Halbschlaf, als der Geist ihrer Mutter zum ersten Mal erschien.

Linda erinnert sich: »Ich war in einem traumähnlichen

Zustand und spürte plötzlich einen Luftzug und Bewegung im Raum. Dann war sie da! Sie kam auf mich zu und sah so wunderschön und strahlend aus in ihrem Mantel mit dem hochstehenden Kragen. Ihr Gesichtsausdruck jedoch war sehr ernst. Sie blieb ungefähr drei Meter von mir entfernt stehen und sagte: ›Von jetzt an mußt du dich um deinen Vater kümmern.‹ «Ich wußte, daß das, was mir widerfuhr, wirklich war. Es war deutlich von einem Traum zu unterscheiden.«

Im November desselben Jahres hatte Linda ein zweites Erlebnis dieser Art.

»Es war ein grauer, regnerischer Nachmittag, und ich war auf dem Sofa eingeschlafen«, erinnert sich Linda. »Alles fühlte sich so wirklich an. Ich befand mich wieder in jenem Krankenhaus, in dem meine Mutter ihre letzten Tage verbracht hatte. Meine Familie war vollständig im Wartezimmer versammelt, und es war ein herrlicher, strahlender Tag. Wir wußten, daß wir auf etwas warteten, und hatten alle ein ruhiges, zuversichtliches Gefühl. Ich war auf der Couch eingenickt, und das nächste, an was ich mich erinnere, ist meine Mutter, die mich zärtlich aufweckt. Ich war überglücklich, sie zu sehen; sie sah wunderschön aus, und ihr Gesicht hatte einen Ausdruck vollendeten Friedens. Sie beugte sich zu mir herunter und küßte mich auf die Wange. Ich hatte unzählige Fragen an sie, und obwohl sie jede einzelne beantwortete, erinnere ich mich nur an einige ihrer Antworten, wobei ich das Gefühl habe, daß ich mich jetzt nicht an alle ihre Aussagen erinnern soll, weil ich erst bei meiner eigenen Ankunft in der jenseitigen Welt den Inhalt ihrer Antworten verstehen werde.«

Auf Lindas Frage nach ihrem Wohlergehen an jenem neuen »Wohnort« antwortete ihre Mutter: »Es ist schön hier, und ich bin gerne hier.« Befragt, ob sie drüben andere Familienmitglieder getroffen hätte, antwortete sie:»Ja. Ich bin bei ihnen, und sie lassen dich ganz herzlich grüßen.«

Und was erzählte Lindas Mutter ihr über das jenseitige Leben?

»Ich wollte alles über den ›Himmel‹ wissen, und sie berichtete mir alles, was sie gesehen hatte«, fährt Linda fort. »Nichts von dem, was sie mir mitgeteilt hat, ist mir noch in Erinnerung, doch im Traum damals wußte ich, daß ich alles verstanden hatte; ich war zufrieden mit dem, was meine Mutter mir gesagt hatte, und ich weiß, daß es mich bis auf den heutigen Tag unbewußt begleitet. Dann sagte meine Mutter, sie müsse sich ausruhen, und ging in ihr Krankenhauszimmer zurück«, berichtet Linda weiter. »Ihre letzte Bemerkung lautete: ›Dem Arzt unterlief ein Fehler, der zu meinem Tod führte. Doch jetzt bin ich wiedergeboren, und alles ist gut.‹« Mit dieser Botschaft endete Lindas Traum.

»Ich war so glücklich zu wissen, daß es ihr gutging und ihre Seele nach wie vor bei uns war. Von da an war mir klar, daß es nie eine vollständige Trennung geben würde. Doch befand ich mich an einem Punkt in meiner geistigen Entwicklung, an dem es mir nicht möglich war, jenseits aller Zweifel an die ständige geistige Gegenwart meiner Mutter zu glauben. Daher wollte ich wieder einschlafen, damit ich bei ihr sein konnte. Es dauerte jedoch nicht lange, bis ich auch außerhalb der Träume ihre Anwesenheit spüren konnte.«

Linda erwähnt weiter, daß der Geist ihrer Mutter sie oft besuchen kommt, »vor allem dann, wenn ich Ideen oder Unterstützung und Hilfe brauche. Und durch meine Offenheit für diese Kontakte haben sich meine intuitiven Fähigkeiten wunderbar weiterentwickelt.«

Im März 1993 überraschte Lindas zwölfjährige Tochter Andrea die Familie mit der Bemerkung, daß ihre Großmutter aus dem Jenseits mit ihr kommuniziere.

Ihr kamen diese Begegnungen normal vor, denn Andrea zeigte bereits im zarten Alter von drei Jahren die Anlage zu einer stark intuitiven Natur.

Die Gespräche, die sie mit dem Geist ihrer Großmutter geführt hatte, enthielten Informationen, die ihr anders nicht hätten bekannt sein können; sie wurden von anderen Familienmitgliedern bestätigt.

Von da an nahmen auch andere Seelen Kontakt mit Andrea auf; einige waren Verstorbene ihrer eigenen Familie, andere wiederum vollkommen Fremde. Von Zeit zu Zeit fand sich die ganze Familie zu Sitzungen zusammen, in denen Andrea die Berichte verschiedener Geistwesen über das jenseitige Leben mitteilte und auch wichtige persönliche Informationen durchgab, die jedesmal von der Familie als richtig erkannt wurden.

Zum Beispiel erfuhr Andrea, daß die Erfahrung des »Himmels« für jeden Menschen eine andere ist.

»Ich sehe, wie ihr Himmel aussieht, wenn ich mit ihnen spreche«, sagt sie, ohne zu zögern. »Meine Großmutter kochte für ihr Leben gern und liebte ihren Garten mit den vielen Blumen. Ihr Himmel ist ein großer Garten mit einem Baum in der Mitte, und die Sonne scheint immerzu. Sie geht einen langen Pfad hinab und besucht andere Leute. Sie sagt mir, daß sie eine Menge lernt, insbesondere darüber, wie man sich auf die nächste geistige Entwicklungsstufe vorbereitet.«

Nachdem der sechzehnjährige Freund von Andreas Bruder im Januar 1994 gestorben war, erschien er eines Tages Andrea im Spiegel ihres Schlafzimmers.

»Dies war das erste Mal, daß ich eine Seele mit meinen eigenen Augen sehen konnte«, sagt Andrea. »Ich glaube, er wollte uns wissen lassen, daß er nach wie vor bei uns ist.«

»Zu Beginn«, fügt ihre Mutter Linda hinzu, »kamen ständig die Seelen verschiedenster Menschen, um Andrea zu besuchen. Sie waren entzückt über die Tatsache, jemanden gefunden zu haben, mit dem sie so einfach kommunizieren konnten.«

Andrea und ihre Familie sind zwar Presbyterianer, doch gehen sie nur selten zur Kirche. Bevor Linda und ihre Tochter mit dem Jenseits Kontakt aufnahmen, hatten sie kein Interesse an spirituellen Dingen außer ihrem Glauben an eine Höhere Kraft oder Gott.

»Durch diese Erfahrungen lerne ich mehr über das Leben und wie wichtig es ist, in allen Bereichen meinen Gefühlen und Intuitionen zu folgen«, sagt Andrea. Doch am wichtigsten ist es ihr, ergänzt sie bescheiden, »daß ich lerne, wie ich anderen Menschen helfen kann«.

Zunächst fanden Andreas Geschwister diese Vorkommnisse ein wenig ungewöhnlich. Doch bald erkannten sie, wie natürlich sie waren, und heute gehören Kontakte mit dem Jenseits für die ganze Familie zum täglichen Leben.

Einer ihrer Brüder, gerade zehn Jahre alt, fing eines Tages zu weinen an, weil er ein Kribbeln in seinem Bauch fühlte. Es tat nicht weh. »Es war das schönste Gefühl, das ich je hatte«, berichtete er seiner Mutter.

»Was war es?« fragte Linda.

Er antwortete, es sei seine Großmutter gewesen, die durch ihn hindurchgeschwebt war.

Es wird allgemein angenommen, daß man die Energie eines Geistwesens, das durch uns hindurchgeht, entweder direkt fühlen oder durch bestimmte körperliche Empfin-

dungen feststellen kann, wie zum Beispiel Niesen, Schluckauf, leichte Kopfschmerzen oder eben Kribbeln. Diese Re-
aktionen werden dabei von einer Empfindung begleitet, die
man normalerweise beim Niesen oder bei Schluckauf nicht
hat: einem köstlichen Gefühl von Ruhe und Zufriedenheit.

*Wahre Freundschaft beweist sich sowohl in schwierigen Zei-
ten als auch im Bereich spiritueller Entwicklung. Die Beziehungen zu unseren Freunden bleiben nicht nur bestehen,
wenn diese in die höhere Dimension des Jenseits hinübergehen, sondern werden oftmals noch intensiviert, weil die
Aspekte geistiger Evolution und Weiterentwicklung verstärkt
zum Tragen kommen.*

*Holly, eine 35jährige Journalistin, berichtet im folgenden
vom plötzlichen Tod eines Freundes und Kollegen, dessen
Humor und liebevolle Anleitung auch vom Jenseits aus weiter spürbar sind und dem es gelang, ihren Schmerz über sein
unerwartetes Dahinscheiden durch eine ganz besonders
deutliche Art der Kommunikation zu mildern.*

Als eines Morgens im Dezember 1994 um halb acht das Telefon klingelte, nahm ich an, es sei einer meiner Freunde,
der mich auf dem Weg zur Arbeit kurz anrief, wie es oft geschah. Normalerweise stehe ich bei Sonnenaufgang auf,
doch an diesem Morgen schlief ich etwas länger, da ich in
der Nacht zuvor einen Artikel fertigschreiben mußte und
daher erst sehr spät zu Bett gegangen war. Noch müde und
verschlafen nahm ich den Hörer auf.

»Holly«, sagte meine Freundin Anna, deren Stimme ich sofort erkannt hatte, »Dan ... ist ... tot.«

Sie war kaum in der Lage, die Worte auszusprechen. Ihre Stimme klang dumpf und von Unglauben erfüllt; sie war den Tränen nahe.

»Was!?« stieß ich hervor, mit einem Male hellwach und nicht bereit zu glauben, was ich gehört hatte. »Mein Gott, was ist passiert?«

Anna hatte die Nachricht gerade im Radio gehört. Dan hatte eine einfache Erkältung gehabt – zumindest sah es so aus –, die sich jedoch unversehens in eine Lungenentzündung verwandelte. Freunde brachten ihn sofort ins Krankenhaus, doch es war zu spät; selbst massive Gaben von Antibiotika konnten ihn nicht mehr retten. Er starb ein paar Stunden später auf der Intensivstation.

Dan war nur 47 Jahre alt geworden. Er war ein bekannter und viel beschäftigter Journalist mit einem ausgeprägten Sinn für Humor. Seine Kollegen liebten seine unbeschwerte Gegenwart und seinen Witz. Er war unser Freund.

Wir alle waren erschüttert und von Trauer überwältigt. In der Redaktion häuften sich die Kondolenzschreiben. Wir alle gingen zu Dans Begräbnis; wir lachten; wir weinten. Seine Verlobte saß allein in der ersten Reihe. Sie erinnerte mich an die vielen Filme, in denen Shirley Temple sich vor Kummer und Schmerz schützt, indem sie sich in den »tapferen kleinen Soldaten« verwandelt, wie ihr Vater es von ihr erwartet.

In den nachfolgenden Wochen und Monaten kam es oft vor, daß ich mich beinahe schuldig fühlte wegen der starken Reaktion, die ich auf den Tod meines Freundes bei mir feststellte, als hätte ich nicht das Recht, so sehr um ihn zu trauern. Andere hatten ihn viel besser gekannt als ich. Allerdings könnte man das bei jedem Menschen sagen, der stirbt; es wird immer jemanden geben, der ihn besser gekannt hat als man selbst, und andere, die ihn noch weniger kannten. Dan war ein Mensch gewesen, der einen großen Eindruck bei anderen hinterließ, wie kurz oder flüchtig sie ihn auch erlebt haben mochten.

Abgesehen davon, daß sein Tod mich an meine eigene Sterblichkeit erinnerte und mir deutlich machte, wie unvorhersehbar die Ereignisse unseres Lebens letztendlich sind, gab es vieles, was ich von Dan zu seinen Lebzeiten gelernt hatte – in professioneller, kreativer und persönlicher Hinsicht –, und ich wünschte von Herzen, er wüßte um meine Dankbarkeit für seine Anleitung und meine daraus resultierenden Erfolge.

Wenn ein Mensch unerwartet stirbt, haben wir oft nicht die Möglichkeit, uns von ihm zu verabschieden und offen Dinge abzuschließen. So erzählte ich Dan alles, was ich ihm gerne noch gesagt hätte – für den Fall, daß er mir aus dem Jenseits zuhören würde.

Seine erste Antwort kam an einem Nachmittag, an dem ich – ermüdet von einer besonders anstrengenden Arbeitswoche mit Interviews, Recherchen und dem Schreiben verschiedener Artikel – hin und her gerissen war zwischen meinem nächsten Auftrag und der verlockenden Möglichkeit, den Rest des Tages im Bett zu verbringen und mir einen Film auf Video anzuschauen, eine meiner Lieblingsbeschäftigungen, wenn ich meinen Kopf freimachen und mich entspannen will. Ich stand an der Wohnzimmertür, starrte den Fernseher an und überlegte, was ich tun sollte. »Also, Video anschauen oder arbeiten …?« Zunächst entschied ich mich fürs Arbeiten, dann fürs Fernsehen; dann meldete sich wieder mein Pflichtbewußtsein, und ich wollte gerade

wieder das Wohnzimmer verlassen und in Richtung
Schreibtisch gehen. Doch nach den ersten beiden Schritten
hörte ich plötzlich hinter mir ein dumpfes Geräusch, und
erschrocken drehte ich mich herum.

Zu meiner Überraschung stellte ich fest, daß die Fernbedienung des Fernsehers irgendwie auf den Teppich gefal-
len war. Ich kannte meine Fernbedienung und wußte, daß
sie keine Beine hatte; nur ein paar Sekunden vorher hatte
sie wie immer auf dem Tisch gelegen. Und jetzt befand sie
sich auf dem Teppich.

»Okay, Dan, ich habe verstanden!« sagte ich laut.

Dann griff ich nach Schlüssel und Geldbörse und verließ
die Wohnung. um zur Videothek zu gehen. Ich war davon
überzeugt, daß Dan meine Fernbedienung auf den Boden
befördert hatte. Und warum auch nicht? Schließlich hatte
er einen Großteil seiner journalistischen Karriere als Film-
kritiker verbracht. Ich hatte das Gefühl, als wollte er mir sagen: »Gönn dir eine Pause. Vergiß die Arbeit. Schau dir einen Film an.«

Nicht im geringsten verstört – ich habe in meinem Leben viele, zum Teil recht ungewöhnliche und amüsante
Kontakte mit dem Jenseits gehabt – dankte ich Dan für seinen humorvollen Hinweis darauf, daß zwei Stunden Film
genau das waren, was ich im Moment brauchte. Ich lieh mir
einen Film aus, den ich schon lange hatte sehen wollen,
legte die Füße hoch und verbrachte einen erholsamen
Nachmittag.

Zwei Monate waren seit Dans Hinscheiden vergangen,
und die Theorie besagt, daß die Verstorbenen den Hinterbliebenen ihre Gegenwart in einer bestimmten Reihen-
folge bemerkbar zu machen versuchen: zunächst der Familie und den Ehegatten, dann den engsten Freunden und

anschließend allen sonstigen Bekannten. Obwohl ich von Anfang an für eine Kommunikation mit Dan offen gewesen war, hatte ich warten müssen, bis ich an der Reihe war.

Nachdem der erste Kontakt hergestellt worden war, hatte ich das Gefühl, daß Dan wußte, daß ich gerne mit ihm in Verbindung bleiben wollte.

Im Spätsommer des gleichen Jahres hatte Dan offensichtlich entschieden, daß es für mich an der Zeit war, meine Beziehung mit ihm zu einem Abschluß zu bringen. Er hatte mit Sicherheit viele Freunde und Bekannte zu besuchen und jetzt war ich dran. Ich hatte eine erneute Kommunikation mit ihm gar nicht mehr erwartet; um so dankbarer war ich, als sie stattfand.

Dan kam eines Nachts im Traum zu mir, einem Traum, der anders war als alle Träume vorher, der eine ganz besondere ätherische Qualität besaß und das Gefühl einer liebevollen, natürlichen *Wirklichkeit* vermittelte. Ich befand mich an einem strahlenden Sonnentag auf einem altmodischen Bahnhof. Es schien, als sei ich ins 19. Jahrhundert zurücktransportiert worden, denn auch der visuelle Eindruck des Traumes hatte etwas Antiquiertes; alles war auf angenehme Art unscharf und verschwommen, so als sei die Linse eines Fotoapparates ganz leicht aus dem Fokus geraten. Die Luft war schmeichelnd und warm. Der Himmel war so blau wie auf einer gemalten Postkarte, und es herrschte eine eigenartige Ruhe in dem eleganten, aus Holz gebauten Bahnhof. Schließlich bemerkte ich, daß außer mir niemand anwesend war.

Da wußte ich, warum ich hierhergekommen war und wessen Zug ich erwartete.

Es dauerte nicht lange, und eine prächtige, schimmernde Lokomotive mit einem halben Dutzend luxuriöser Passa-

gierwaggons, wie sie im letzten Jahrhundert gebaut wurden,
fuhr dampfend in den Bahnhof ein. Der Zug hielt genau vor
mir, und die Tür zu einem der Wagen öffnete sich wie von
selbst. Ich wußte, daß ich in diesen wunderbaren Zug, der
aussah wie der Orient-Expreß, einsteigen sollte. Kaum war
ich dieser inneren Aufforderung gefolgt, erschien im Gang
des Wagens Dan, gesund und munter, mit braunem Haar,
wie er es in jüngeren Jahren gehabt hatte. Obwohl meine
Kleidung von klassischem Schnitt war, gehörte sie eindeutig ins 20. Jahrhundert, während er in der Art des vergangenen Jahrhunderts gekleidet war. Er trug ein weiches,
weißes Baumwollhemd mit weiten Ärmeln und ohne Kragen, das bis zum Hals zugeknöpft war; seine braune Hose
war der damaligen Mode entsprechend locker geschnitten
und sah sehr bequem aus. Mit einem strahlenden, liebevollen Lächeln kam er auf mich zu.

Wir sprachen sehr wenig, kommunizierten jedoch ausgiebig auf telepathischem Wege. Ich wußte, daß der Zug der
Tod war und daß er an verschiedenen Bahnhöfen anhielt,
damit Dan sich einzeln von seinen Verwandten und Freunden verabschieden konnte. Er war nicht traurig, sondern
schien heiter und gelassen.

Dann hörte ich klar und deutlich, wie er sagte: »Ich
möchte mich von dir verabschieden.« Mit diesen Worten
lud er mich ein, ihm in den Wagen zu folgen. Ich schaute
mich um und bemerkte einen langen Eßtisch und Stühle
mit dunkelroten Samtbezügen, viel blankpoliertes Holz
und golden schimmerndes Messing. Wir standen einander
gegenüber und sahen uns an; dann legte er zärtlich seine
Arme um mich und drückte mich liebevoll an sich. Mir feh-
len die Worte, diese wunderbare Umarmung zu beschreiben. Sie war weder kurz noch lang; sie war nicht leiden-

schaftlich, doch auch nicht flüchtig. Sie berührte mein Herz und meine Seele, und ich fühlte mich geliebt und geborgen. Sie war so, wie jede letzte Umarmung sein sollte.

Dan spürte meine Traurigkeit über unseren Abschied und ließ mich telepathisch wissen, daß er auch in Zukunft in meiner Nähe sein würde, wenn auch in einer anderen Dimension. Er dankte mir für meine Freundschaft, und ich dankte ihm für seine. Wir teilten einander noch viele Gefühle mit, auch dies mittels Telepathie. Dann kam der Moment, wo ich spürte, daß er mich verlassen mußte. Er schaute mich noch einmal an und begleitete mich dann zurück zur Tür des Wagens. Ich sagte ihm, daß ich ihn vermissen würde, und er lächelte. Wir umarmten uns noch einmal kurz, und dann stieg ich die Stufen zum Bahnsteig hinab und sah zu ihm hinauf. Wir beide wußten, daß es ihm nicht erlaubt war, die Stufen hinabzugehen, geschweige denn den Zug zu verlassen. Er lächelte und winkte mir zu. Obwohl ich Traurigkeit empfand, war ich doch nicht von Kummer überwältigt, denn er hatte mich in dieser ersten wunderbaren Umarmung in einen Frieden eingehüllt, der mich nach wie vor erfüllte.

Langsam setzte sich der Zug in Bewegung, während ich bewegungslos auf dem Bahnsteig stand und ihm nachsah. Dan war in den Wagen zurückgegangen, doch für ein paar kurze Augenblicke konnte ich seine Gestalt noch durch die Fenster erkennen. Dann befand sich sein Waggon so weit vom Bahnsteig entfernt, daß ich ihn nicht länger sehen konnte. Doch blieb ich stehen, bis der letzte Wagen des Zuges langsam an mir vorbeigefahren war.

Ich wußte, daß in dem Moment, als der Zug den Bahnhof verließ, Dan endgültig ins Jenseits überging; der davonfahrende Zug symbolisierte seinen Tod. Während der Zug

sich immer weiter entfernte, spürte ich mit einem endgülti-
gen, doch ruhigen Gefühl Dans Übergang in eine andere
Dimension.

Plötzlich veränderte sich die visuelle Perspektive meines Traumes, und ich befand mich außerhalb des Gesche-
hens und beobachtete mich selbst, wie ich auf dem Bahnsteig stand und dem Zug nachschaute, der inzwischen nur
noch ein kleiner Punkt war in der Ferne, kaum sichtbar zwischen den grünen Bäumen und Hügeln dieser wunderschönen Landschaft.

Dann wachte ich auf.

Ich hatte ein warmes und leichtes Gefühl; sogar ein ungewöhnlich angenehmes, glückliches Gefühl, wenn man be-
denkt, daß ich soeben beim Tod eines Freundes zugegen gewesen war. Langsam stand ich auf, wach und erholt, wenn
auch nicht übermäßig unternehmungslustig. Ein Gefühl
ähnlich dem, das ich empfinde, wenn ich an einem ruhigen,
warmen Tag am Strand sitze und den Wellen zuschaue, wie
sie sanft das Ufer erreichen, erfüllte mich.

Vor allem konnte ich endlich die Tatsache akzeptieren,
daß Dan gestorben war. Wir hatten »Auf Wiedersehen« gesagt, und unser Abschied war so liebevoll gewesen. Ich
wußte ohne den geringsten Zweifel, daß sein Geist stets bei
mir sein würde und bei all den anderen, die ihn gekannt und
geliebt hatten.

Während ich dies schreibe, ist es genau ein Jahr her, daß
Dan von uns gegangen ist. Seit jenem Ereignis mit meiner
Fernbedienung hat er keinerlei Tricks mehr durchgeführt
und seine Gegenwart auch nicht anderweitig kundgetan – zumindest habe ich nichts dergleichen bemerkt. Doch bin ich
mir trotzdem sicher, daß er von Zeit zu Zeit seine Aufmerksamkeit auf mich richtet. Und was meinen Traum vom letz-

ten Jahr betrifft: Er wird mir immer als Dans Geschenk an mich in Erinnerung bleiben, kostbarer als alles, was ein »lebender« Mensch einem anderen in dieser Welt geben kann.

❀❀❀❀❀❀

Manche Menschen halten die Beziehung zu ihren Lieben im Jenseits auf recht spektakuläre Weise aufrecht; andere wiederum fühlen einfach eine liebevolle Gegenwart, die sie in ihrem täglichen Leben führt und begleitet.

Auch meine Schwester Sandra hat sowohl von unserer Mutter als auch von unserem Vater Anleitung und Ratschläge aus dem Jenseits erhalten. Darüber hinaus ist sie davon überzeugt, daß beide ihre kreativen Talente von der anderen Dimension her auf sie übertragen haben.

Nachfolgend beschreibt sie mit ihren eigenen Worten, was sie erlebt hat.

❀❀❀❀❀❀

Meine Eltern sind immer bei mir – oft habe ich das Gefühl, als sei ihr Geist in mich eingegangen. Mein Vater war ein leidenschaftlicher Gärtner, und die Lieblingsbeschäftigung meiner Mutter war das Kochen. Seit ihrem Dahinscheiden scheinen diese Fähigkeiten auf mich übergegangen zu sein, denn seither bin ich eine wesentlich bessere Köchin und auch viel erfolgreicher im Umgang mit Pflanzen.

Als mein Vater starb, war ich zwar nicht unmittelbar zugegen, doch ich spürte den Moment genau. Ich hatte plötzlich starke Schmerzen in Brust und Bauch, für die es keine Erklärung gab, und ein Gefühl unmittelbar bevorstehenden Unheils.

Bei meiner Ankunft im Krankenhaus erfuhr ich, daß mein Vater in der Zwischenzeit gestorben war, und zwar, wie sich herausstellte, genau in dem Augenblick, als ich die Schmerzen gespürt hatte.

Sechs Monate nach dem Hinscheiden meiner Mutter hatte ich mit einemmal das Gefühl, als sei ihr Geist in mich eingedrungen, denn ich ertappte mich dabei, wie ich Lieder aus den fünfziger Jahren, die sie besonders mochte, vor mich hinsummte – etwas, was ich vorher nie getan hatte und was ich wie eine Botschaft von ihr empfand. Nach wie vor steht sie mir mit ihrer Weisheit und Erfahrung in allen Lebenssituationen zur Seite. Einige ihrer Manierismen und Ausdrücke sind ein Teil meiner eigenen Angewohnheiten geworden, aber am meisten kommuniziert sie mit mir in der Küche. Besonders deutlich empfand ich dies, wenn ich das Essen für meinen Stiefvater zubereitete, der kürzlich gestorben ist. Es war, als ob sie mich genau anleitete, was und wie ich für ihn kochen sollte, so wie sie es zu ihren Lebzeiten getan hatte.

Ich weiß, daß viele Menschen in Träumen mit ihren Angehörigen im Jenseits kommunizieren, doch fühle ich die Gegenwart meiner Mutter vor allem, wenn ich wach bin.

Es ist, als hätte sie uns nie verlassen.

Vielleicht glauben Sie, daß es mir selbst immer gelingt, Kontakt mit meinen Verwandten und Freunden in der jenseitigen Welt herzustellen, denn schließlich bin ich seit jeher dafür offen.

Doch wie jede andere, so muß auch ich hin und wieder daran erinnert werden, wie einfach dieser Kontakt im

Grunde ist und erkennen, daß wir uns auch in dieser Hinsicht manchmal einem unnötigen Druck aussetzen.

Kurz nach dem Tod meiner Mutter erschien sie meiner Freundin Deborah Rowley während einer Meditation. Zunächst sah Deborah ihre Augen, dann ihr Gesicht und ihre Haare. »Bitte sag Linda, daß sie sich nicht so anstrengen soll«, sagte meine Mutter.

Als Deborah mir diese Mitteilung weitergab, war ich ganz besonders berührt, denn meine Mutter hatte die schönsten, durchdringendsten Augen, und genauso hatte meine Freundin sie an jenem Nachmittag gesehen.

Was wollte mir meine Mutter mit ihrer Botschaft sagen?

Ganz einfach: Ich hatte tagelang mit aller Kraft versucht, den Kontakt mit ihr herzustellen, doch es wollte mir nicht gelingen. Also erschien sie meiner Freundin, als diese sich im Zustand der Meditation befand, um mir zu zeigen, daß Kommunikation wesentlich einfacher zustande kommen kann, wenn man entspannt ist.

Deborah Rowley ist von Beruf Lehrerin, hat dabei aber nie aufgehört zu lernen. Ihre geistige Entwicklung erstreckt sich auf alle Bereiche ihres Lebens, unabhängig davon, wo sie sich befindet. In dem nachfolgend geschilderten Erlebnis kam sie mit den Seelen von Menschen in Kontakt, die sie nie getroffen hatte und die vor vielen Jahren in einem anderen Teil der Welt unter dramatischen Umständen ums Leben gekommen waren.

Sie erzählt uns hier von Menschen in der jenseitigen Welt, die noch immer durch den Schmerz, den sie während der Erlebnisse vor ihrem Tod empfunden hatten, in der Ebene unserer dreidimensionalen Welt gefangen sind.

Als ich 1990 mit meinem Mann durch Frankreich reiste, hatte ich in Verdun ein außergewöhnliches Erlebnis, das Raum und Zeit zu transzendieren schien.

Wir gingen durch unterirdische Kasernen, in denen während des Zweiten Weltkrieges französische Soldaten Zuflucht gefunden hatten. Als ich die Betten sah, kam mir der Gedanke, daß hier eine so eingeschlossene Atmosphäre herrschte wie in einem Unterseeboot.

Plötzlich vernahm ich eigenartige Geräusche. Mein Mann und ich gehörten zu einer kleinen Gruppe von Besuchern, doch die Stimmen und Töne kamen nicht von ihnen. Es waren zu viele Stimmen, und sie alle sprachen französisch. Im Gegensatz zu meinem Mann bin ich des Französischen nicht mächtig, also begann ich, die Worte laut zu wiederholen, so daß er sie verstehen und übersetzen konnte.

Ich hörte Schreie, die mein Mann als »Beeilt euch!« übersetzte, und andere Bemerkungen im Zusammenhang mit dem Krieg. Sobald ich wieder an der Erdoberfläche war, verstummten die Stimmen.

Später erfuhr ich, daß französische Soldaten während des Krieges in diesen unterirdischen Behausungen eingeschlossen gewesen waren. Sie hatten versucht zu entkommen, doch es gelang ihnen nicht. Die deutschen Soldaten pumpten Giftgas in die Kasernen, was zur Folge hatte, daß alle Gefangenen eines schrecklichen Erstickungstodes starben.

Ich hatte also Stimmen aus einer längst vergangenen
Zeit gehört; von Soldaten, die während des Krieges in diesen Kasernen ums Leben gekommen waren. Doch erfuhr
ich das erst, nachdem wir diese Stätte des Grauens verlassen hatten. Als wir uns bereits in einiger Entfernung von
dem Ort befanden, sah ich vor meinem inneren Auge plötzlich die Buchstaben P, A und X. Im Weitergehen kamen wir
an einem Gebäude vorbei, das aussah wie ein Mahnmal,
und mein Mann rief: »Schau!« Auf dem Dach des Gebäu-
des war das Wort PAX angebracht. Wir fanden heraus, daß
das Mahnmal ein Mausoleum war, in dem Soldaten aus dem
Zweiten Weltkrieg begraben waren. PAX ist ein lateini-
sches Wort und heißt »Frieden«.

Es war offensichtlich, daß die Seelen jener Soldaten, die
dort unten gefangen und vergast worden waren, ihren Frieden noch nicht gefunden hatten. Und obwohl fast fünfzig
Jahre vergangen waren, konnte man noch immer ihre ver-
zweifelten Hilfeschreie hören.

*Deborah hatte einige der dramatischsten, anrührendsten und
symbolreichsten Kommunikationen mit dem Jenseits, von
denen ich je gehört habe.*

*Im folgenden erzählt sie uns von einem prophetischen
Traum, in dem eine verstorbene Tante ihr eine musikalische
Botschaft übermittelte, die sie nie vergessen sollte.*

Im Sommer 1981 waren mein Mann und ich eine Woche
lang in Massachusetts beim Zelten, und in der Nacht von

Freitag auf Samstag hatte ich einen außergewöhnlichen Traum. In diesem Traum sang ich das Weihnachtslied »Stille Nacht, heilige Nacht« zusammen mit meiner Tante, die elf Jahre vorher gestorben war. Sie war die Schwester meiner Mutter, und während meiner Kindheit lebte sie in derselben Straße wie wir, genau uns gegenüber. Als meine Tante starb, war ihr Enkel – das einzige ihrer Enkelkinder, das sie noch erleben durfte – gerade sechs Monate alt. In meinem Traum sangen wir zusammen, und obwohl viele andere Leute in der Nähe waren, kannte ich sonst niemanden.

Als ich am Samstag morgen aufwachte, erinnerte ich mich genau an diesen Traum und fragte mich, was er zu bedeuten hatte.

Es dauerte nicht lange, bis ich die Antwort bekam. An diesem Samstag starb jener Enkel meiner Tante; er war beim Fahrradfahren von einem Feuerwehrauto angefahren und dabei tödlich verletzt worden. Der Unfall war schon am Mittwoch geschehen, doch lag er bis Samstag im Koma. Mein Mann und ich wußten nichts davon, da wir beim Zelten und somit unerreichbar waren. Ein paar Stunden, nachdem ich diesen Traum gehabt hatte, starb der Enkel meiner Tante, der nur elfeinhalb Jahre alt geworden war. Immer wieder kamen mir die Worte in den Sinn, die wir beide im Traum gesungen hatten: »Holder Knabe im lockigen Haar, schlaf in himmlischer Ruh'.«

Abschließend erzählt uns Deborah von der wichtigsten, prophetischen Botschaft aus dem Jenseits, die sie je erhalten hat.

Meine verstorbene Großmutter, die Mutter meines Vaters, erschien mir im Herbst 1968 in einem Traum. In diesem Traum befand ich mich in einem Mausoleum, in dem ich hinter einer Linie stand, die das Gebäude in zwei Bereiche teilte.

Meine Seite war die der Lebenden; die andere Seite war gesperrt. Ich konnte nicht hinübergehen, denn das war der Bereich der Toten. Und dort sah ich meine Großmutter stehen, die sich über einen Sarg gebeugt hatte.

Sie rief den Namen meines Vaters.

»Warum rufst du meinen Vater?« fragte ich sie.

Sie antwortete nicht.

»Bitte rufe nicht mehr nach ihm!« bat ich sie. »Seine Zeit ist noch nicht gekommen.«

Sie konnte mich nicht hören; dennoch bat ich sie weiterhin inständig, nicht mehr nach ihm zu rufen.

Sechs Wochen später starb mein Vater plötzlich und unerwartet an einem Gehirnschlag, obwohl er bis dahin bei ausgezeichneter Gesundheit gewesen war.

In meinem Traum war mir gezeigt worden, daß seine Zeit sehr bald kommen würde und daß seine Mutter dies wußte.

Die Liebe hört nicht auf, wenn ein Lebenspartner ins Jenseits hinübergeht. Auch wenn die Trauer über den Verlust der physischen Gegenwart des geliebten Menschen groß ist, erleichtert das Wissen um die Tatsache, daß er nach wie vor in der Nähe ist – wenn auch auf eine neue Art –, den Schmerz der körperlichen Trennung. Zu wissen, daß uns Liebe, Humor, Zuneigung und Beistand der uns nahestehenden Menschen

unverändert erhalten bleiben, ist eine ungeheure Beruhigung und ein großer Trost.

Am 15. Februar 1969, einen Tag nach dem Valentinstag, heirateten Allan und Patricia Rusinko. Sie kannten sich seit einem Jahr und liebten einander sehr. Gerne und oft sprachen sie darüber, wie das Schicksal jahrelang geduldig immer wieder dafür gesorgt hatte, daß sich ihre Wege kreuzten, ohne daß sie das je bemerkt hatten, sei es anläßlich der Hochzeit ihrer Kusine oder nach einem Bergwerksunglück, zu dem er als Mitglied des Rettungsteams und sie als Krankenschwester gerufen worden waren.

Die beiden hatten keine Kinder, und nach beinahe 20 Jahren Ehe genossen sie nach wie vor ihr gemeinsames Leben in Chesapeake, Virginia, wo Patricia weiterhin als Krankenschwester tätig war und Allan eine zivile Laufbahn im Verwaltungsdienst eingeschlagen hatte. Seine besondere Liebe galt jedoch der Gartenarbeit, und er hatte im Laufe der Zeit eine mit diversen Auszeichnungen preisgekrönte Gartenlandschaft um ihr Haus herum geschaffen. Da er außerdem ein begeisterter und begabter Bastler war, hatte er einige schöne Holzskulpturen in den Garten integriert, und bunte Glaskreationen – wie funkelnde Tiffanyelampen und Hinterglasmalereien – schmückten das Innere des Hauses.

Das gemeinsame Glück wurde jäh zerstört, als Allan im Alter von 42 Jahren erfuhr, daß er Krebs hatte. In den vier Jahren, die zwischen der ersten Diagnose und Allans Tod vergingen, unterzog er sich endlosen Operationen und Untersuchungen, diversen Behandlungsmethoden und alternativen Heilungsversuchen mit einem kämpferischen Geist, der ihm nicht gestattete aufzugeben. Zudem kamen ihm die medizinische Ausbildung und Erfahrung seiner Frau in ihrem Beruf als Krankenschwester und Pflegerin zugute, die sie jetzt ganz in den Dienst der Betreuung ihres Mannes stellte. So konnte er seine Arbeit fortsetzen, seine Familie, Freunde und auch seine Hobbys weiterhin genießen, obwohl ihm im Laufe seiner vierjährigen Krankheit sowohl eine Lunge als auch eine Niere entfernt werden mußten.

Während einer Operation im Juni 1989, bei der ihm ein Teil seiner Lunge entnommen wurde, »starb« Allan vorübergehend und hatte ein klassisches Nahtod-Erlebnis. Dabei begegnete er seinen verstorbenen Eltern und Patricias Vater.

»Sie standen da und warteten auf mich«, berichtete er seiner Frau nach der Operation, »doch niemand sprach.«

Seine Zeit war noch nicht gekommen, doch etwas in Allan veränderte sich aufgrund dieses Erlebnisses.

»Er hatte keine Angst mehr vor dem Tod«, erinnert sich Patricia.

Allans Kampf mit dem Krebs zog sich noch fast drei Jahre lang hin. Am frühen Morgen des 23. Mai 1992 wußten Allan und Patricia, daß sein Tod unmittelbar bevorstand.

»Wir verabschiedeten uns voneinander«, erzählt sie, »und seine letzten Worte waren: ›Ich liebe dich.‹«

Angeschlossen an einen Morphium-Tropf, der ihm seine letzten Schmerzen erleichterte, fiel Allan bald in ein Koma, aus dem er nicht mehr erwachte. Um zwei Uhr nachmittags, mit Patricia an seiner Seite, gab er seinen Geist auf.

Doch in den folgenden Wochen, Monaten und Jahren wurde seiner Frau, der Familie und den gemeinsamen

Freunden ohne den geringsten Zweifel klar, daß zwar sein Körper nicht mehr existierte, seine Seele und sein Geist jedoch nicht gestorben waren. Er war lediglich an einem anderen Ort, und von Zeit zu Zeit stattete er seinen Lieben amüsante und herzerwärmende Besuche ab.

Allan wählte als vorwiegende Form der Kommunikation aus dem Jenseits die Radios in dem Haus, das er mit seiner Frau bewohnt hatte, und nahm den Kontakt vor allen Dingen an den Tagen auf, die den beiden in ihrem irdischen Zusammenleben besonders viel bedeutet hatten.

»Das Ganze begann eines Nachts, als meine Mutter zu Besuch war«, berichtet Patricia. »Sie schlief im Gästezimmer, das Allan hin und wieder als Büro benutzt hatte. Ich glaube, daß dieser erste Besuch auf seinen Wunsch zurückzuführen war, sich von seiner Schwiegermutter zu verabschieden, was ihm zu Lebzeiten nicht mehr möglich gewesen war. Mitten in der Nacht ging plötzlich sein Radio an und weckte meine Mutter auf. Es handelte sich dabei nicht etwa um ein Radio mit Wecker, das sich zu einer vorher festgelegten Zeit einschaltet. Das Radio war auf Allans Lieblingssender eingestellt, der vor allen Dingen Songs aus den sechziger und siebziger Jahren spielte, die wir während der Monate vor unserer Heirat am liebsten gehört hatten.«

Sechs Monate nach seinem Übergang in die jenseitige Welt fühlte Patricia, daß es an der Zeit war, Abstand zu gewinnen, und unternahm mit einigen Freunden eine Kreuzfahrt. Am 22. November 1992, dem Jahrestag ihrer Verlobung, gelang es Allan, seiner Frau ein Geschenk aus dem Jenseits zukommen zu lassen.

»Ich hatte nie vorher Roulette gespielt«, erinnert sie sich. »Hier saß ich also auf diesem luxuriösen Dampfer an einem Roulettetisch und setzte auf die Zahlen von Allans Geburtstag. Ich gewann. Danach setzte ich auf die Zahlen unseres Hochzeitstages und hatte auch dieses Mal Glück. Insgesamt gewann ich 176 Dollar am 25. Jahrestag unserer Verlobung.«

Von da an wuchs Patricias Interesse am Phänomen der Kommunikation mit dem Jenseits: »Ich stellte fest, daß es Menschen mit einer starken Beziehung, so wie wir sie hatten, oft schwerfällt, den anderen loszulassen.«

In der Folgezeit hielt sich Allan viel in der Nähe seiner Frau auf und erschien ihr immer wieder, bis beide den Trauerprozeß abgeschlossen hatten.

Einmal besuchte er seine Frau, als sie zu Hause an seinem Schreibtisch saß und die Unmengen von Krankenhausrechnungen und Versicherungsunterlagen bearbeitete, die nach seinem Tod noch erledigt werden mußten.

»Ich öffnete oft eine bestimmte Schublade in seinem Schreibtisch, und dieses Mal – nicht lange nach der Kreuzfahrt und kurz vor Weihnachten – fand ich 50 Dollar in der Schublade. Ich weiß genau, daß das Geld vorher nicht da war; ich hatte das Gefühl, als ob Allan mir ein Weihnachtsgeschenk machen wollte.«

Einen Monat später, im Januar 1993, schaltete sich ohne menschliches Zutun das Radio auf seinem Schreibtisch ein und erfüllte den Raum mit ihrer gemeinsamen Lieblingsmusik. Und obwohl Patricia versuchte, es auszuschalten, gelang es ihr nicht; die Musik erklang weiterhin.

»Schließlich gab ich auf«, erzählt Patricia. »Ich entfernte mich von dem Radio, und es stellte sich von selbst ab! Ich bin davon überzeugt, Allan wollte mich auf diese Art wissen lassen, daß er nach wie vor bei mir ist. Genau an diesem Tag wurde die Alarmanlage im Haus repariert, und es war, als hätte Allan die Arbeiten überwacht und als wollte er mir seine unveränderte Aufmerksamkeit beweisen.«

Am 15. Februar 1993, der ihr 24. Hochzeitstag gewesen wäre, ging Patricia mit einer Freundin zum Essen aus. Wieder zu Hause, saß sie gegen Mitternacht allein auf der Couch im Wohnzimmer, als sie ein lautes Klopfen an der Eingangstür hörte. Ihr Hund antwortete mit einem lauten Bellen, und Patricia ging zur Tür, um nachzuschauen, wer sie so spät noch besuchen wollte.

»Es war niemand zu sehen, die Straße war leer.«

In dieser Nacht schlief sie nicht gut. Am nächsten Morgen schaltete sie den Fernseher an, um sich die Nachrichten anzuschauen, und ging zum Kaffeekochen in die Küche.

Sie erinnert sich: »Ich hatte die Fernbedienung auf den Sofatisch gelegt. Ich rief meine Mutter an und sagte ihr, ich hätte nicht gut geschlafen und würde mich bald noch mal ins Bett legen. Plötzlich schaltete sich der Fernseher aus. Das war noch nie passiert; ich schaltete ihn wieder ein. Zu seinen Lebzeiten hatte Allan den Fernsehabend per Fernbedienung beendet, wenn es Zeit war, ins Bett zu gehen. Da ich in der Nacht schlecht geschlafen hatte, nahm ich an, daß mir Allan auf diese freundliche Art zu verstehen geben wollte, ich sollte mich noch ein wenig hinlegen! Später ließ ich den Fernsehapparat untersuchen, und man fand keinerlei Hinweise auf eine Störung.«

Dann kam der Tag, an dem Patricia zum ersten Mal wieder mit einem anderen Mann ausging.

Offenbar gefielen Allan die ersten beiden Kandidaten ganz und gar nicht.

»Jeder der beiden hatte mich zum Essen ausgeführt und mir eine Rose mitgebracht«, erinnert sich Patricia amüsiert. »Ich hatte die Rosen jeweils in eine Vase auf den Fernseher

gestellt und mußte beide Male am nächsten Morgen feststellen, daß sie über Nacht alle Blütenblätter abgeworfen
hatten ...«

Zur Zeit des ersten Jahrestages von Allans Tod reiste
seine Frau mit ihrer Mutter nach Nashville in Texas; Haus
und Hund wurden während ihrer Abwesenheit von freundlichen Nachbarn versorgt.

»Wenn Allan im Garten war, unterhielt er sich oft mit
diesen Nachbarn«, berichtet Patricia. »Als ich aus Nashville
zurückkam, sagte mir die Frau aufgeregt, sie müsse mir unbedingt etwas erzählen.«

Zunächst zögerte sie, doch schließlich erfuhr Patricia die
ganze Geschichte.

»Sie sagte mir, daß sie im Garten zweimal Allans
Stimme gehört hatte, als ich verreist war. Daraufhin weihte
ich sie in ein paar der Erlebnisse ein, die ich gehabt hatte«,
erzählt Patricia.

Sie sprach auch mit ihrem Pastor. Zu Beginn hielt er an
seinem traditionellen Glauben von Himmel und Hölle fest,
doch bald zog er die Möglichkeit in Betracht, daß der Tod
vielleicht doch etwas anders ist, als wir auf den ersten Blick
erkennen können.

Nicht lange nach ihrer Rückkehr aus Texas erschien Allan Patricia zum ersten Mal in einem Traum.

Sie erinnert sich: »Ich träumte, daß ich ein Geräusch im
Flur gehört hatte; kurz darauf sah ich die verschwommene
Gestalt eines Mannes in der Nähe meines Bettes. Als er
näher kam, erkannte ich Allan. Er kam zu mir ins Bett und
legte sich neben mich. Er sah genauso aus wie das letzte
Mal, als ich ihn vor seinem Tod im Krankenhaus gesehen
hatte; sogar ein intravenöser Schlauch baumelte von seiner

Brust! Doch ansonsten sah er glücklich und zufrieden aus.
Ich legte meinen Kopf auf seine Brust und sagte: ›Ich bin so
froh, dich zu sehen.‹ Er lächelte, erwiderte jedoch nichts. So
lagen wir eine Weile beieinander, dann stand er auf, fand
seine Lieblingsshorts, die er stets bei seinen Tätigkeiten im
Haus getragen hatte (und die ich unmittelbar nach seinem
Tod weggegeben hatte!), legte sie auf das Bett und verschwand.«

Damit wachte Patricia auf.

»Der Traum fühlte sich so *wirklich* an«, sagt sie. »Es
kam mir vor, als hätte ich Allan tatsächlich berührt, sein
Gesicht, die Haare auf seiner Brust. Drei Tage lang war
ich wie berauscht, so real war mir unsere Begegnung erschienen.«

Patricia erkundigte sich bei anderen Menschen, die Erfahrung im Umgang mit Wesen aus dem Jenseits hatten,
und erfuhr, daß dieser Besuch Allans ein besonderes Geschenk gewesen war, das Seelen aus der höheren Dimension uns machen können. »Sie müssen eine Unmenge von
Energie einsetzen, um solch eine Begegnung möglich zu
machen«, teilte man ihr mit.

Am 23. September 1993, auf den Tag genau sechzehn
Monate nach seinem Tod, erschien Allan noch einmal seiner Frau in einem Traum.

»Ich befand mich in einem öffentlichen Gebäude und
wurde über meinen Pager aufgefordert, eine bestimmte
Nummer anzurufen«, berichtet Patricia. »Ich ging zum
nächsten Telefon, nahm den Hörer ab und hörte die Stimme
meines verstorbenen Mannes.

Ich sagte: ›Allan, bist du das?‹

›Ja‹, antwortete er.

›Wo bist du?‹

›Das weiß ich nicht genau, doch es geht mir gut, und ich möchte, daß du das weißt. Mach dir keine Sorgen um mich.«‹

Patricia hatte eine klassische Botschaft aus dem Jenseits erhalten.

»Diese Nachricht rüttelte mich irgendwie wach«, erinnert sie sich. »Freunde meinten, daß Allan mich hatte wissen lassen wollen, daß es ihm gutginge, daß ich jetzt mit meinem Leben weitermachen und nicht mehr um ihn trauern sollte.«

Ein Jahr später, im September 1994, lernte Patricia einen Mann kennen, mit dem sie heute eine feste Beziehung hat. Auch er hat ihr Rosen geschenkt, doch im Gegensatz zu den anderen haben diese ihre Blütenblätter nicht schon in der ersten Nacht verloren.

»Manchmal welken seine Rosen erst nach drei Wochen«, stellt sie lachend fest. »Ich glaube, Allan mag ihn ebenso gerne wie ich.«

Manchmal erfüllt uns die geistige Energie aus dem Jenseits mit einer schöpferischen Inspiration, die wir nie zuvor verspürt haben, und hilft uns dabei, diese Visionen in Musik und wunderbare Kunstwerke umzusetzen.

»Es war ein miserabler Tag gewesen«, erinnert sich Dorothy Phillips. »Ich wachte um drei Uhr in der Nacht auf, ging hinunter ins Wohnzimmer und setzte mich ans Klavier. Die Melodie floß einfach aus mir heraus. In weniger als einer

Stunde komponierte ich eine Rhapsodie, die ich ›Traum eines Geliebten‹ nannte. Es kam mir vor, als würde ich angeleitet und geführt; ich hörte Mitteilungen, die mich bezüglich der Melodie und Tonlage instruierten.«

Dieses Ereignis liegt 35 Jahre zurück. Und obgleich viele
Musiker das Gefühl geistiger Führung haben, wenn sie komponieren – ob sie nun professionell oder als Amateure tätig
sind und unabhängig davon, ob sie schon viele Jahre Musik
machen oder gerade erst damit angefangen haben –, war dieses Erlebnis für Dorothy eindeutig eine Erfahrung mit der
spirituellen Energie einer höheren Dimension.

»Die Anleitung ist sehr genau; und wenn ich Gospelmusik schreibe, ist sie ganz besonders deutlich spürbar«, führt
Dorothy weiter dazu aus. »Dabei ist es mir unerklärlich,
warum ich überhaupt Gospelmusik komponiere!«

Eine ihrer jüngsten Kompositionen, »*There is a Mighty
Light*« (Da ist ein strahlendes Licht), wurde im Herbst 1994
vom Chor der Zweiten Presbyterianischen Kirche in Fort
Lauderdale Florida uraufgeführt.

Vielleicht nehmen Sie jetzt an, Dorothy sei eine afroamerikanische Frau, die – aufgewachsen im Schoß der Kirche und angeregt durch den Heiligen Geist – ihre Gefühle in
Liedern ausdrückt. Doch dem ist nicht so. Dorothy ist eine
Weiße, hat nie in ihrem Leben einer organisierten Religion
angehört (auch wenn ihre Familie protestantisch ist) und
hatte schon als Kind die Entscheidung getroffen, daß eine
persönliche Beziehung mit der Höchsten Macht ihr mehr zusagte als irgendeine bestimmte religiöse Doktrin. Zudem
hat sie nie Musik studiert. Sie hat sich selbst das Notenlesen
beigebracht, und sie spielt sehr amateurhaft Musik.

Warum und auf welche Weise wird ihr diese geistige
Führung zuteil?

»Ich gehe zur Seite, sozusagen, und warte auf den Kontakt«, erklärt sie, »was und wer auch immer es ist. Ich glaube daran, daß wir in der Lage sind, vorübergehend aus unserem Normalbewußtsein auszusteigen und auf den Geist des Universums und seine Informationen und Anleitungen zu hören.«

Wenn die geistige Kraft sich bemerkbar macht, sagt Dorothy, empfindet sie dies »als ein physisches und emotionales Erlebnis, das durch mich hindurchfließt«.

Ihre geistigen Führer veranlaßten sie 1972 dazu, ihr kreatives Potential durch Malen zu erweitern, nachdem ihr zweiter Ehemann, Charles Epstein – von dem sie nach wie vor als »mein lieber Charles« spricht –, nach nur fünfjähriger Ehe verstorben war.

Charles war zu seinen Lebzeiten ein vielseitiger Unternehmer und ein großer Kunstfreund gewesen. »Er besaß einige Gemälde von Toulouse-Lautrec, die er später verkaufen mußte. Doch er behielt Kopien dieser Werke, denn er liebte Lautrec über alles.«

Nach seinem Hinscheiden begann Dorothy, die damals in Pennsylvania lebte, mit dem Malen von Lautrec-inspirierten Bildern. Das war äußerst ungewöhnlich, insbesondere wenn man die Tatsache berücksichtigt, daß Dorothy Phillips noch nie in ihrem Leben gemalt oder auch nur die geringste Neigung in dieser Richtung verspürt hatte.

Auch hier fühlte sie sich von geistiger Energie geleitet, dieses Mal jedoch eindeutig von ihrem verstorbenen Mann Charles und einigen namenlosen Geistwesen, die ihr genaueste Anweisungen gaben bezüglich der Farben und Malart, der Schatten und Nuancen, die Lautrecs Stil ausmachten.

Ihre Bilder sind so gut, daß sie in Galerien in ganz Amerika ausgestellt werden und das renommierte Kunst-

Auktionshaus Sotheby's sie als Lautrec-Reproduktionen in seinem Angebot führt.

Nachdem Dorothy nach Fort Lauderdale gezogen war, setzte sie ihr Komponieren und ihre Malerei fort und fügte dem ein neu entdecktes Talent hinzu: Schreiben. Auch in dieser kreativen Ausdrucksform, ohne vorheriges Interesse oder eine entsprechende Ausbildung, spürte Dorothy eindeutig die geistige Inspiration, die ihr mittlerweile so vertraut war. Sie begann eine erfolgreiche Laufbahn als Journalistin bei lokalen Publikationen, in denen sie in erster Linie über gesellschaftliche Ereignisse berichtete.

Heute ist Dorothy mit der Arbeit an einem Musical beschäftigt und komponiert nach wie vor Gospels. Sie hofft, eines Tages ihre Rhapsodie in der Carnegie-Hall in New York zu hören, aufgeführt von einem Symphonie-Orchester. »Der Traum jedes Komponisten«, sagt sie lachend.

Was ihren ununterbrochenen Kontakt mit der höheren Dimension betrifft, so zitiert Dorothy gerne Edgar Cayce, den größten amerikanischen Seher dieses Jahrhunderts, der den Universellen Geist folgendermaßen beschrieben hat: »Ein unendlicher Strom von Gedanken, der durch die Ewigkeit fließt, seit ihrer Schöpfung genährt von der kollektiven geistigen Aktivität der Menschheit. Jeder kann daran teilhaben, wenn er seine intuitiven Fähigkeiten entsprechend entwickelt.«

Die Kommunikation mit dem Jenseits besitzt hilfreiche praktische Aspekte. Menschen, die spirituelle Fähigkeiten nicht nur persönlich, sondern auch professionell einsetzen, werden in diesem Zusammenhang oft zu Hilfe gerufen.

Rick Fawcett, Janon Allegra und Monnica Sepulveda –
drei erfahrene Sensitive mit Integrität, Weisheit und ausge-
prägtem Mitgefühl – geben uns nachstehend einige Beispiele
von Kommunikationen mit dem Jenseits, die sie für Klienten
durchgeführt haben, und erzählen von ihrer eigenen spiritu-
ellen Entwicklung.

Der Therapeut Frederick »Rick« Fawcett ist einer der vielen, zu dessen spirituellen Gaben die Fähigkeit zählt, Kontakt mit den Seelen Verstorbener in der jenseitigen Welt
aufnehmen zu können.

Eines Tages nahm er auf Wunsch einer Frau, die ihren
Partner auf besonders tragische Weise verloren hatte, Kontakt mit dem Geist ihres Mannes auf. Während dieser Sitzung konnte er ihr Informationen in bezug auf die Eigen-
tums- und Geschäftslage ihres verstorbenen Gatten geben,
von denen sie vorher nichts gewußt hatte.

Wie es in solchen Sitzungen mit spirituell erfahrenen
Personen häufig geschieht, war es auch jenem Ehemann
möglich, seiner Frau durch das Medium wichtige Details
zukommen zu lassen.

Fawcett sagt: »Ich erhielt die entsprechende Information direkt von ihrem verstorbenen Mann aus der jenseitigen Welt. Er identifizierte sich mit besonderen Einzelheiten, die nur ihr bekannt sein konnten. Wie sich später
herausstellte, hätte die Frau eine Menge Geld verloren,
wenn ich ihr diese Botschaft ihres Mannes nicht weitergegeben hätte.«

»Ich bin das skeptischste Medium, das Sie sich vorstellen können«, behauptet Janon Allegra, eine ehemalige Grundstücksmaklerin Anfang Vierzig, die in Nevada lebt, »obwohl ich mein Leben lang außergewöhnliche Erfahrungen auf spirituellem Gebiet gemacht habe.«

Als sie elf Jahre alt war, wachte sie einmal mitten in der Nacht auf und spürte die Anwesenheit ihrer Urgroßmutter. »Sie war gekommen, um mir auf Wiedersehen zu sagen«, erinnert sich Janon. »Am nächsten Tag starb sie.«

Janon berichtet, daß sie in den folgenden Jahren oft Nachrichten für Leute aufschrieb, die sie überhaupt nicht kannte. Diese Informationen waren mir von deren Angehörigen gegeben worden, die im Jenseits weilten. Ihr wurde genau gesagt, wem sie die entsprechenden Mitteilungen weiterzugeben hatte, und es stellte sich jedesmal heraus, daß sie von großem Nutzen für die betroffenen Hinterbliebenen waren.

Sie sagt, daß sie heutzutage oft während der Sitzungen mit Klienten spontan und unerwartet Informationen aus dem Jenseits erhält. »Wenn der Tod jener Menschen, die Kontakt mit mir aufnehmen, besonders traumatisch oder schmerzvoll gewesen ist, empfinde auch ich diesen Schmerz ganz deutlich.«

Ihr eigener Skeptizismus oder der ihrer Klienten wird jedesmal durch die Genauigkeit der aus dem Jenseits durchgegebenen Informationen aufgelöst.

»Mir werden Informationen über versteckte Dinge gegeben«, fährt sie fort. »Oft handelt es sich dabei um Unterlagen, die der Verstorbene zu Lebzeiten nicht mehr erledigen konnte, vor allen Dingen dann, wenn der Tod plötzlich gekommen und es dem Menschen nicht mehr möglich gewesen war, praktische Angelegenheiten zu regeln.«

In diesem Zusammenhang erinnert sie sich an eine Sitzung mit einer achtzigjährigen Frau.

»Der Geist ihres verstorbenen Ehemannes ließ mich wissen, daß er zu Lebzeiten ein Bündel Geldscheine in einem Radiator im Wohnzimmer versteckt hatte. Aufgrund dieser Information beauftragte die Witwe einen Heizungstechniker, diesen Radiator auseinanderzunehmen, und tatsächlich fand sie das Geld. Ich bin sehr dankbar für meine Fähigkeiten zur Kommunikation mit dem Jenseits, da die durchgegebenen Informationen oft die praktischen und emotionalen Schwierigkeiten der Hinterbliebenen zu erleichtern und aufzulösen helfen.«

Wie genau empfängt Janon die Botschaften der Seelen aus dem Jenseits?

»Vor meinem inneren Auge sehe ich sowohl den Menschen als auch die Information. Oftmals erscheinen sie mir wie eine Serie von Fotografien, und gleichzeitig höre ich ihre Stimmen«, erklärt sie. »Und jedesmal empfinde ich ein Gefühl von Liebe und Frieden. Hin und wieder kann ich einem Hinterbliebenen mitteilen, welche Verstorbenen seinen Angehörigen auf der anderen Seite erwartet hatten.«

Aufgrund der Genauigkeit der Informationen, die Janon durchgegeben werden, gehen selbst die skeptischsten Klienten erleichtert und getröstet aus ihren Sitzungen heraus, oft mit einem neuen, erweiterten Verständnis für die vielen Dimensionen des Lebens.

»Die Lektionen, die wir lernen müssen, werden auch im Jenseits fortgesetzt«, sagt Janon. »Ich habe erfahren, daß Menschen sowohl Botschaften von Fremden als auch Informationen von Freunden und Verwandten empfangen können. In der Regel handelt es sich um praktische, hilfreiche Mitteilungen, die sie weitergeben wollen. Es kommt vor, daß eine Seele aus dem Jenseits, die zu Lebzeiten auf der Erde im gleichen Beruf wie mein Klient tätig gewesen ist, sich mit entsprechenden Ratschlägen meldet. Ich habe auch schon Durchsagen erhalten, die empfahlen: ›Ruf Soundso an; das ist wichtig für deine Arbeit.‹«

Die Reinkarnationstheorie besagt, daß sich Menschen, die besonders jung sterben oder einen gewaltsamen Tod erlitten haben, oft schneller reinkarnieren als andere. Janon hat diesbezüglich eindeutige Informationen aus dem Jenseits erhalten: »Einige Seelen von Vietnam-Veteranen haben mir mitgeteilt, daß sie bereits kurz nach ihrem Tod als Neffen und Nichten innerhalb ihrer irdischen Familien wiedergeboren worden sind.«

Wie andere Intuitive, die mit dem Jenseits kommunizieren, so wurde auch Janon über die spirituellen Konsequenzen von Selbstmord aufgeklärt: »Jene Menschen, die ihrem Leben selbst ein vorzeitiges Ende setzen, erleben in der jenseitigen Welt ungeheure emotionale Schmerzen«, warnt sie. »Selbstmord ist nicht die Antwort auf die Probleme des Lebens. Eine Seele zu sehen, die unter solchen Umständen Zeuge ihres eigenen Begräbnisses wird, ist ein besonders schrecklicher Anblick.«

Monnica Sepulvedas spirituelle Gaben haben es ihr seit ihrer Kindheit ermöglicht, Nachrichten aus der jenseitigen Dimension zu empfangen und mit den Seelen und Geistwesen zu kommunizieren, die diese Ebene bewohnen.

»Auch nach ihrem Dahinscheiden setzen wir die Beziehungen mit geliebten Menschen fort«, erinnert sie ihre Kli-

enten und die Zuhörer bei ihren Vorträgen und fordert sie
dann auf:»Wir müssen lernen, unsere Intuition zu benutzen
und damit Zugang zu den höheren Dimensionen zu erlangen, damit wir mit den Seelen in der jenseitigen Welt Verbindung aufnehmen können. Denn auf der Ebene des Geistes kann man sich durch reine Gedankenkraft überallhin
begeben; und den Menschen, die bereits in jene Welt hinübergegangen sind, ist es möglich, nicht nur untereinander,
sondern auch mit uns in unserer dreidimensionalen Realität zu kommunizieren. Und *jeder* hier kann sich daran be-
teiligen.«

Monnica, die in der Nähe von San Francisco – Kalifor-
nien lebt, konzentriert sich in ihrer Arbeit darauf, Menschen bei Beziehungsproblemen zu helfen, indem sie mit
ihren Angehörigen im Jenseits Kontakt aufnimmt. Sie fügt
hinzu:»Besonders für hinterbliebene Frauen ist es wichtig,
Unterstützung und eine Stärkung ihrer Persönlichkeit zu
erlangen.«

Indem sie Menschen bei der Kommunikation mit dem
Jenseits zur Seite steht, hilft sie ihnen, persönliche Schwierigkeiten aufzulösen, spirituelle Wahrheiten zu erfahren
und sich selbst als uneingeschränkte geistige Wesen zu sehen, die mit allem und jedem in diesem vieldimensionalen,
unendlichen Universum verbunden sind.

»Wenn wir sterben, durchlaufen wir einen Lebensrückblick, der uns nicht nur die Erfahrungen des Lebens zeigt,
das wir gerade hinter uns gelassen haben, sondern auch deren Wirkung auf unsere Mitmenschen. Wir empfinden die
Gefühle eines jeden Menschen, dem wir in unserem Leben
begegnet sind. Sie werden in der Lage sein, die Freude und
Liebe zu fühlen, die ein anderer durch Sie empfangen hat,
wie auch die Ungerechtigkeiten und Schmerzen, die Sie

verursacht haben«, erklärt sie. »Doch sollten wir lernen, diese Rückblicke regelmäßig vorzunehmen, solange wir noch auf der Erde weilen, und nicht warten, bis wir im Moment unseres Todes unausweichlich damit konfrontiert werden. Einfühlungsvermögen ist die wichtigste Komponente von Kommunikation; leider wissen die meisten Menschen nicht, welchen Einfluß sie und ihre Aktionen auf andere haben. Es wäre schön, könnten wir jede Nacht einen Lebensrückblick vornehmen – vielleicht in unseren Träumen – und somit erkennen, wie wir unsere Mitmenschen im Verlaufe des vergangenen Tages behandelt und berührt haben. Wir können durch den Kontakt mit jenseitigen Wesen von den Gegebenheiten in ihrer Dimension lernen und diese Lektionen bereits hier anwenden, bevor auch wir die Reise ins Jenseits antreten.«

Die Geist-Körper-Seele-Verbindung hat nicht nur jeder gründlichen wissenschaftlichen Überprüfung standgehalten, dabei hat sich sogar ein neuer Zweig der Medizin entwickelt: Psychoneuroimmunologie. Die Prinzipien, die heute auch in wissenschaftlicher Terminologie formuliert werden können, haben jedoch schon seit Millionen von Jahren Gültigkeit – seit Anbeginn des Lebens auf diesem Planeten, seit Anbeginn der Zeit, oder wie immer wir die schöpferische Kraft bezeichnen wollen.

Eine persönliche Lektion aus der geistigen Dimension zeigte Monnica die Heilkraft, die uns allen zu eigen ist.

»Zum Zeitpunkt des Ereignisses, von dem ich erzählen möchte, war ich erst zwölf Jahre alt«, erinnert sie sich. »Eines Nachts hörte ich die liebevolle Stimme einer Frau, die zu mir sprach. Als ich fünf war, wurde ich am Auge operiert, und seither trug ich eine Brille. Die Stimme forderte mich auf, ein Jahr lang täglich eine Affirmation zu sagen. Würde ich dies konsequent tun, bräuchte ich danach keine Brille mehr.« Von da an wiederholte Monnica täglich die ihr gegebene Heilungsaffirmation:

> *Ich sehe durch die Augen Gottes,*
> *denn Gott ist in mir, und wir sind eins.*
> *Gottes Augenlicht ist perfekt,*
> *und mein Augenlicht ist perfekt,*
> *und dafür danke ich.*

»Ein Jahr später hatte ich meine volle Sehkraft wieder«, berichtet Monnica, »und ich warf meine Brille weg.«

Die Stimme ließ Monnica wissen, daß diese Art der Affirmation bei allen Schwächen und Krankheiten des Körpers hilft.

»Da wir mittlerweile aufgeschlossener für geistige Dinge sind und eine höhere Schwingungsfrequenz erreicht haben, sind die Resultate von Affirmationen wesentlich schneller spürbar«, sagt Monnica. »Heute bräuchte es wahrscheinlich weniger als ein ganzes Jahr für dasselbe Ergebnis.«

Monnica hat in ihrer Praxis als Medium auch des öfteren Botschaften bezüglich besonderer Angelegenheiten erhalten; die folgende kam vor sechs Jahren mit der Bitte um Weitergabe durch.

»Meine Kusine, die im Alter von 24 Jahren gestorben war, kam während einer Meditation an einem Donnerstag im August 1989 zu mir«, berichtet Monnica. »Ich hörte deutlich ihre Stimme aus dem Jenseits, und sie sagte: ›Sag meiner Mutter, daß ich sie liebe und ihr herzliche Glückwünsche zu ihrem Geburtstag sende; und sag ihr, daß ich ihr weiße Blumen schicken werde.‹«

Monnica wußte das Datum des Geburtstages nicht, also bat sie ihre eigene Mutter, es herauszufinden.

»Meine Mutter rief diese Frau eine Woche später an und fragte sie nach ihrem Geburtstag«, fährt Monnica fort, »und sie sagte, es sei der vorangegangene Donnerstag gewesen, genau der Tag, an dem ich die Grüße ihrer Tochter erhalten hatte.«

Bei einer anderen Gelegenheit hatte Monnica eine Sitzung mit einer Frau, deren Mann ein paar Monate vorher gestorben war.

»Er übermittelte mir wichtige Informationen bezüglich ihrer Versicherung, die ich der Frau weitergab«, erinnert sich Monnica.

Wie in vielen Sitzungen dieser Art, bestätigten sich die Informationen auch hier und erwiesen sich für die Witwe als äußerst brauchbar.

»Während er mir die Botschaft durchgab, sah ich die Vision des Mannes, wie er mit einer Rose in der Hand hinter dem Stuhl seiner Frau stand und sie auf die Wange küßte«, sagt Monnica weiter. »Ich berichtete der Frau, was ich sah. Meine Worte berührten sie sehr, und sie erzählte mir, daß ihr Mann sich ihr zu seinen Lebzeiten jeden Freitag leise von hinten genähert, ihr eine Rose überreicht und sie auf die Wange geküßt hatte.«

Monnica ist im Laufe der Jahre sowohl von der Polizei als auch von Privatpersonen konsultiert worden, wenn es darum ging, vermißte Personen zu finden, Verbrechen aufzuklären und mysteriöse Umstände zu durchleuchten.

Wie viele andere Sensitive, so gibt auch Monnica rückhaltlos ihre Zeit und Energie, wenn es darum geht, bei der Suche nach einem Vermißten zu helfen. Im folgenden Bericht beschreibt sie die besonders ungewöhnliche spirituelle Unterstützung, die zur Aufklärung eines tragischen Geheimnisses führte.

Im September 1990 riefen mich drei Freunde eines Mannes an. Sie machten sich Sorgen um ihn, seit er bei einem gemeinsamen Camping-Ausflug in der Wildnis von Oregon verschwunden war.

Die Information aus dem Jenseits, die ich erhielt, stammte von der Großmutter des Mannes, die vor einiger Zeit verstorben war. Sie sagte mir, daß er einen roten Lieferwagen fuhr, Tabak kaute, einen Bruder hatte, der gestorben war, Hosen einer bestimmten Marke trug und wegen einer zu Ende gegangenen Liebesbeziehung verzweifelt war.

All dies wurde mir später von seinen Freunden bestätigt.

Der Geist seiner Großmutter ließ mich auch wissen, daß es den Freunden nicht möglich sein würde, seine Mutter zu erreichen. Auch das bestätigten sie. Nachdem sie vergeblich versucht hatten, sie telefonisch zu erreichen, erfuhren sie später, daß seine Mutter verreist gewesen war.

Während dieser Sitzung berichtete mir die Großmutter,

was ihrem Enkel passiert war, und unglücklicherweise war
es das, was niemand in einem solchen Fall hören will: Er war
tot. Sie sagte, daß er Selbstmord begangen und sich eine Ku-
gel in den Kopf geschossen hatte; sein Körper sei unter einer dünnen Schicht von Neuschnee begraben. Sie schloß
mit der Information, daß seine sterblichen Überreste nord-
westlich des Campingplatzes gefunden werden konnten
und gab mir die genaue Stelle durch.

Zwei Tage nach diesem Kontakt fand man seinen Körper weniger als einen Kilometer von dem Ort entfernt, den
ich aufgrund der Instruktionen aus dem Jenseits genannt
hatte, begraben unter einer Decke von leichtem Schnee
und mit einer tödlichen Schußwunde am Kopf.

Wenn die Seele eines Verstorbenen den Kontakt zu einem
Menschen in der dreidimensionalen Welt nicht herstellen
kann, weil der Betreffende den Kommunikationsversuch
nicht erkennt oder nicht interpretieren kann, oder weil er
emotional blockiert ist und die spirituelle Energie nicht
wahrnehmen kann, dann meldet sich die Seele aus dem Jen-
seits oft durch eine andere Person, deren Schwingungsfre-
quenz hoch genug ist, um ihre Botschaft zu empfangen. Das
ist nichts Ungewöhnliches, und in der Regel hat diese Art der
Übermittlung von Botschaften zur Folge, daß die betreffen-
den Menschen, deren Energie zuvor blockiert war, die Tatsa-
che jenseitiger Kommunikation anerkennen und fortan in
der Lage sind, geistige Kontakte selbst herzustellen und zu
empfangen.

»Eines Nachts erschien mir im Traum eine junge Frau«, berichtet Jill Hearn, 35jährige Mutter von zwei Kindern, die in der Nähe von Tampa in Florida lebt. »Sie überreichte mir eine rote Rose.«

Die junge Frau gab Jill sehr genaue Anweisungen, was sie mit der Rose machen sollte.

»Sie sagte mir, ich solle sie Lisa geben, einer Frau, die ich vor ein paar Wochen erst kennengelernt und mit der ich höchstens zweimal kurz gesprochen hatte«, erinnert sich Jill.

»Sag ihr, diese Rose ist für die beste Mutter der Welt«, sprach die junge Frau weiter, von der Jill spürte, daß sie Lisas 23jährige Tochter Lorraine war, die vor sechs Monaten gestorben war. »Und richte ihr meine herzlichsten Grüße zum Muttertag aus.«

Da Jill die Frau erst so kurz kannte, hatte sie deren verstorbene Tochter nie getroffen noch jemals ein Foto von ihr gesehen. Auch war sie unsicher, wie Lisa auf diese ungewöhnliche Botschaft reagieren würde. Dennoch tat Jill, worum sie die junge Frau im Traum gebeten hatte.

Sie suchte Lisa auf und berichtete ihr von jenem Traum. »Lorraine bat mich, Ihnen auszurichten: ›Dies ist für die beste Mutter der Welt. Herzliche Grüße zum Muttertag‹«, sagte Jill, indem sie Lisa eine wunderschöne rote Rose überreichte.

Lisas Reaktion darauf war überraschend und herzerwärmend; überraschend, weil sie bestätigte, daß es tatsächlich Lorraine gewesen war, die aus dem Jenseits den Kontakt aufgenommen hatte; und herzerwärmend, weil es erheblich dazu beitrug, den großen Schmerz der Mutter um den Verlust ihrer Tochter zu lindern.

»Jedes Jahr gab Lorraine mir am Muttertag eine rote

Rose und sagte mir, ich sei die beste Mutter der Welt«, antwortete Lisa. Dies war der erste Muttertag seit Lorraines Tod, und sie hatte es geschafft, ihrer Mutter aus dem Jenseits eine Rose und eine liebevolle Botschaft zukommen zu lassen, indem sie im Traum Jill kontaktierte, die neue, spirituell empfängliche Bekannte ihrer Mutter.

»Ich war lediglich der Überbringer«, sagt Jill lachend. »Doch so wurde es Lisa möglich, langsam die Trauer um den Tod ihrer Tochter zu bewältigen, denn sie erkannte, daß sie Lorraine nicht wirklich verloren hatte. Sie war nach wie vor anwesend, wenn auch in einer anderen Dimension.«

Nach diesem besonderen Muttertagsgruß sah Jill zum ersten Mal ein Foto von Lorraine – und es war tatsächlich das Abbild der jungen Frau aus ihrem Traum.

Wenn ein Elternteil stirbt, haben Kinder die Tendenz, ihren Schmerz um den Verlust und die damit verbundene große Verwirrung zu verinnerlichen. Eine solch traumatische Erfahrung kann lebenslange emotionale Nachwirkungen haben, wenn sie nicht bewußt in die Psyche des Kindes integriert wird.

Juanita, eine erfolgreiche Künstlerin mit einer eigenen Grafikdesign-Firma im Südwesten der USA, hatte vor einigen Jahren ein Erlebnis spirituellen Erwachens. Dabei erlebte sie ein dramatisches Wiedersehen mit ihrem Vater, der gestorben war, als sie noch ein Kind war. Hier berichtet sie uns über diese Begegnung und wie sie danach in der Lage war, die Beziehung zu ihrem Vater endlich wieder aufzunehmen.

Seit 27 Jahren hatte ich jedes Jahr am Vatertag einen gehei-
men Wunsch: Ich wollte von Angesicht zu Angesicht mit
meinem Vater sprechen. Im Laufe der Zeit sind mir viele
Dinge eingefallen, die ich ihm sagen wollte, und Fragen, von
denen ich wünschte, daß er sie mir irgendwann und irgendwie beantworten könnte. Ich habe mir oft vorgestellt, wie er
mich in den Armen hält und mich dabei an die Wärme und
Vertrautheit zwischen uns erinnert, die ich als kleines
Mädchen empfand, wenn ich auf seinem Schoß saß,
während er eine Tasse Tee trank und dabei kunstvolle Bilder und Muster direkt auf unsere Tischdecke malte, oder
wenn ich mich allabendlich in dem riesengroßen roten Ses-
sel im Wohnzimmer an ihn kuschelte und mit ihm schmu-
ste. Dabei umarmte ich ihn mit meinen dünnen Ärmchen
und fühlte mich geborgen und geliebt wie kein anderes kleines Mädchen auf der Welt. Das einzige Problem mit meinem Wunsch war, daß er unmöglich erfüllt werden konnte.

Mein Vater starb vollkommen unerwartet im Januar
1967, einen Tag vor meinem neunten Geburtstag. Er war
nur fünfzig Jahre alt geworden. Und bis vor einem Jahr
habe ich nie eine Menschenseele wissen lassen, wie sehr ich
ihn seither vermißt hatte.

Ich erinnere mich daran, daß wir vor seinem Tod sehr
viel Zeit miteinander verbracht haben. In meinem Herzen
bewahre ich die Erinnerung an unzählige, wunderbare gemeinsame Erlebnisse; wir hatten eine Nähe zueinander, die
nicht vieler Worte bedurfte. Ich war zufrieden, einfach bei
ihm zu sein und ihm bei seinen täglichen Verrichtungen zu-
zuschauen. Ich hatte das Gefühl, als sei ihm nichts unmöglich. Er zog Pflanzen im Garten, die eigentlich in unserem
Klima nicht wuchsen, wie zum Beispiel Baumwolle, doch
bei ihm gediehen sie prächtig. Er sammelte Ochsenfrösche

ein und hielt sie zwei Jahre lang in einer Badewanne im Gartenhaus; während dieser Zeit beobachtete und studierte er ihre Angewohnheiten genau und schrieb sogar ein unveröffentlichtes Buch darüber. Auch sah ich ihm zu, wie er zeichnete und entwarf, und wußte, daß er all die Roller, Dreiräder, Fahrräder und kleinen Wagen gebaut hatte, die ein Teil meiner Kindheit waren.

Jeden Herbst machten er und sein älterer Bruder Wein. Ich erinnere mich, wie sie eine Kiste dunkelblauer Weintrauben nach der anderen die steile Kellertreppe hinuntertrugen. Ich war noch zu klein, um bei der eigentlichen Weinherstellung dabeisein zu dürfen, doch erschien mir das Ganze wie die geheimnisvolle Zubereitung eines Wundertranks.

Ich war fasziniert von meinem Vater; er brachte auf seine eigene, unnachahmliche Art Leben in unsere Familie.

Ich konnte mir nie eingestehen, daß sein Tod irgendeinen wichtigen Effekt auf mein Leben hatte. Ich versteckte die Tatsache seines Todes tief in meinem Inneren unter der Kategorie »Etwas Bedauernswertes, das passierte, als ich ein Kind war«. Es war, als hätte ich all die unausgesprochenen Worte, Gedanken und unterdrückten Gefühle in ein unsichtbares Glas eingeschlossen und den Deckel fest zugeschraubt. Solange niemand an dem Glas rüttelte, blieb es in seinem Versteck, und mein Leben schien ohne größere Probleme dahinzufließen.

Jedoch stellte sich heraus, daß ich dieses Glas nicht ewig verstecken konnte, denn im Laufe der Zeit traf ich immer wieder Menschen, die daran rührten.

Schließlich, 28 Jahre nach seinem Tod, hatten mein Vater und ich die Konversation, die ich so lange schon gebraucht und herbeigesehnt hatte. Während einer Meditation erinnerte ich mich plötzlich der letzten Momente, die ich mit meinem Vater verbracht hatte. Ich sah meine Familie um den Küchentisch herum sitzen und miteinander reden. Mein Vater war von der Arbeit nach Hause gekommen und hatte sich ein wenig hingelegt. Später kam er in die Küche und ging dann ins Badezimmer. Jemand sagte, daß er blutete und ins Krankenhaus gebracht werden müßte. Er blieb mehrere Tage dort. Man sagte mir, daß er eine schwierige Magenoperation gehabt hatte und sehr krank war. Dann rief jemand vom Krankenhaus an. Meine Schwester nahm den Anruf entgegen und brach in Tränen aus.

Ich wußte, daß mein Vater gestorben war, bevor es mir jemand sagte. Ich hatte das Gefühl, daß er weggegangen war und daß es ihm jetzt gutging. Rückblickend erschien es mir immer, als sei er nicht gestorben, sondern einfach verschwunden, denn er sah so gesund und stark aus, als ich ihn das letzte Mal sah.

Im Verlaufe dieser Meditation sah ich mich selbst als das kleine achtjährige Mädchen, und ich wußte, daß mein Vater mir etwas Wichtiges mitteilen wollte. Dies würde der Abschied sein, den wir nie hatten. Wir standen einander von Angesicht zu Angesicht gegenüber; er sah gesund und kräftig aus und trug einen neuen, locker geschnittenen Anzug. Er schaute mit einem strahlenden Lächeln auf mich herab, als hätte auch er schon lange darauf gewartet, mich zu sehen. Mein Herz war erfüllt von Aufregung und Freude, während ich seinen Blick erwiderte. Er beugte sich zu mir herunter und nahm mich auf den Arm. Mein Körper ruhte auf seiner Hüfte, wie damals, als ich noch ein Kind war, und es fühlte sich warm, vertraut und geborgen an. Eine Zeitlang schauten wir uns einfach an und umarmten uns liebevoll, bevor er zu sprechen begann.

»Du weißt, daß es für mich Zeit ist zu gehen«, sagte er sanft, doch bestimmt.

»Ich weiß«, antwortete ich, während ich ihm in die Augen sah. Ich empfand keine Trauer, und er auch nicht. Mir war, als hätte ich schon immer gewußt, wohin er sich begeben würde.

»Ich muß weitergehen und meine Arbeit fortsetzen. Ich bin in diese Familie gekommen, um dir zu zeigen, wie man richtig lebt, wie man liebt und sein Herz für alle Menschen offenhält. Verstehst du das?«

»Ja.«

»Jetzt muß ich gehen, und es ist an dir, die Arbeit weiterzuführen. Bist du dazu bereit?«

»Ja.«

Aufmerksam schaute er mir in die Augen. Ich konnte die Verbindung zwischen uns spüren, die wir von Anfang an gehabt hatten und die jetzt noch stärker wurde.

»Es hat nur acht kurze Jahre gedauert, bis du gelernt hast, was ich dir zeigen wollte, nämlich wie man die Menschen liebt und ihr Leben positiv berühren kann«, fuhr er fort. »Durch Worte allein hättest du das nicht so schnell gelernt; ich konnte dich nur durch mein Beispiel lehren. Wir alle müssen im Laufe unseres Lebens Probleme bewältigen; manche werden schwierig sein, doch mach dir keine Sorgen und fürchte dich nicht. Es sind nur Prüfungen, durch die du lernen und wachsen wirst.«

Er gab mir noch einige Informationen über andere Familienmitglieder und bezüglich meiner Aufgabe im Leben. Dann schloß er mit den Worten: »Halte dein Leben einfach und überschaubar. Ich werde auf dich aufpassen. Du wirst es gut machen.«

Er beugte sich hinunter und setzte sanft meine Füße auf

den Boden. Ich war zufrieden und bereit zu gehen, und er war es auch. Er hatte mir alles gesagt, was er mich wissen lassen wollte und was ich hören mußte. Er richtete sich auf und sah mich an, als ich auf Wiedersehen sagte und hinausging. Ich wußte, daß er nun wirklich gegangen war, und ich verstand und akzeptierte es.

Heute weiß ich, daß mein Vater immer für mich da ist und ich jederzeit mit ihm kommunizieren kann. An jedem wichtigen Punkt meines Lebens spüre ich seine liebevolle Gegenwart. Als er einen Tag vor meinem neunten Geburtstag diese Welt verließ, hatte ich das Gefühl, eine Uhr in meinem Inneren hätte aufgehört zu ticken. Doch als ich während jener Meditation mit ihm sprach, war es mir, als habe sie ihren Gang wieder aufgenommen.

Beziehungen zum Jenseits sind nicht allein auf den menschlichen Geist begrenzt; auch die Geister von Tieren setzen oft ihre Verbindungen mit uns aus der jenseitigen Welt fort.

Im folgenden Beispiel der Kommunikation eines Haustieres sehen wir, daß sogar des Menschen »bester Freund« uns wissen lassen möchte, daß das Leben nach dem physischen Tod weitergeht.

Elyktra, eine Harfenistin aus Florida, hatte seit ihrer Kindheit erstaunliche intuitive Fähigkeiten. Im Laufe der Jahre studierte sie ausgiebig das weite Gebiet der außersinnlichen Wahrnehmung und verwandter Bereiche und führte ihr Leben seitdem mit der geistigen Anleitung von Wesen aus der jenseitigen Welt. Unter den vielen Kontakten, die sie im Laufe der Zeit mit Seelen aus der höheren Dimension gehabt hat, war der ungewöhnliche nächtliche Besuch eines nicht-menschlichen Freundes das beeindruckendste Erlebnis.

»Mein Hund Snowvanya, ein sibirischer Schlittenhund, starb vor etwa acht Jahren«, berichtet sie mit zärtlicher, bewegter Stimme. »Zwei Jahre später sagten mir Freunde, sie hätten sie vor meiner Tür gesehen.«

Kurz darauf machte Snowvanya ihre Gegenwart deutlich spürbar.

»Eines Nachts gegen drei Uhr früh hörte ich das Geräusch ihrer Pfoten, wie sie über den gekachelten Boden des Flurs ging. Ich wachte auf, öffnete meine Augen und sah Snowvanya im Türrahmen zu meinem Schlafzimmer stehen. Ich hätte eigentlich nicht schockiert sein sollen, gemessen an den Erfahrungen, die ich bereits mit dem Jenseits gehabt hatte, doch der Schreck fuhr mir in die Glieder. Laut schreiend sprang ich auf!«

Snowvanya setzte ihre nächtlichen Besuche eine Zeitlang fort – vielleicht, so glaubt Elyktra, um sie daran zu erinnern, daß auch Haustiere nach ihrem Tod dahin gehen, wo die Seelen der Menschen sind, und daß sie ebenso wie diese in der Lage sind, nach ihrem Übergang in die höhere Dimension die Verbindung zu unserer dreidimensionalen Welt fortzusetzen.

»Diese anderen, ätherischen Ebenen kann man mit einem riesigen Bahnhof vergleichen«, schließt Elyktra lachend. »*Jede* Art von Geistwesen kann man dort antreffen.«

Es kommt vor, daß die Botschaft aus dem Jenseits von einem einzigartigen körperlichen Gefühl begleitet wird. Marilyn Sunderman, eine international bekannte Malerin aus Sedona in Arizona, die auch Vorträge über die spirituellen Aspekte von Kreativität hält, erzählt von einer Botschaft für eine Freundin, bei der sie in der Lage war, die frühere menschliche Form des Geistwesens zu erkennen.

Eines Abends, als ich im Bett lag, schloß ich die Augen und fühlte sofort die Gegenwart einer besonders freundlichen Seele. In meiner Vorstellung umgab ich meinen Körper mit weißem Licht, um so vor unerwünschten geistigen Energien geschützt zu sein; dann entspannte ich mich und war bereit für die Botschaft, die diese Seele für mich haben würde.

Nach wenigen Augenblicken hatte ich das Gefühl, als veränderte mein Körper seine Form. Meine schlanke Figur fühlte sich plötzlich kurz und gedrungen an, meine Schultern verengten sich, und meine Taille rutschte höher. Doch das ungewöhnlichste war eine Empfindung in meinem Bein – es kam mir so vor, als *fehlte* ein Teil davon. Der untere Teil meines rechten Beines, vom Knie abwärts, fühlte sich an, als sei er nicht mehr da. Im gleichen Moment floß eine Stimme durch meinen Kopf.

»Bitte gib meiner Tochter eine Botschaft«, sagte sie.

Ich versicherte ihr, daß ich das tun würde, und hörte wieder ihre Worte in meinem Ohr.

»Sag ihr, daß wir leben«, fuhr sie fort.

Die Einfachheit dieser Botschaft berührte mich sehr.

Danach spürte ich, wie mein Körper sich in seine alte Form zurückverwandelte.

Ich rief meine Freundin an – jene Tochter, von der die Stimme gesprochen hatte – und lud sie zu mir zum Essen ein. Als sie kam, verbrachten wir ein paar Stunden mit Plaudern, bevor ich mich räusperte und sagte: »Es gibt da etwas, was ich dir gerne mitteilen möchte.«

Würde sie mir glauben? Oder würde sie an meinem Verstand zweifeln? Ich wußte, daß sie ein spirituelles Bewußtsein hatte und das Bedürfnis, mehr über die geistigen Bereiche zu erfahren, doch hatte ich keine Ahnung, ob sie je die Möglichkeit der Kommunikation mit dem Jenseits in Betracht gezogen hatte.

Mir war klar, daß ich zumindest ein gewisses Maß an Glaubwürdigkeit besitzen würde, wenn es mir gelänge, ihre Mutter – die ich nie gekannt oder gesehen hatte – genau zu beschreiben.

Sie nickte bejahend, während ich ihre Mutter eingehend beschrieb. Schließlich sagte ich ihr, daß es da noch etwas gäbe, was ich als sehr seltsam und beinahe unglaublich empfunden hatte, und berichtete ihr von dem Gefühl, das ich in meinem rechten Bein gehabt hatte, nämlich daß der untere Teil nicht mehr existierte.

»Ja«, erwiderte meine Freundin. »Meine Mutter war Diabetikerin, und vor ihrem Tod wurde ein Teil ihres rechten Beines amputiert.«

Wir schauten uns in die Augen, und ich gab ihr die Botschaft ihrer Mutter: »Wir *leben*.«

Tränen liefen ihr über die Wangen.

»Vielen Dank«, sagte sie leise. »Das war es, was ich wissen wollte.«

In der nachfolgenden, letzten Geschichte lernen wir eine Familie aus Neuengland kennen, die nicht nur durch die sogenannten normalen Familienbeziehungen miteinander verbunden ist, sondern auch durch erstaunliche, zärtliche und manchmal amüsante Begegnungen mit einem von ihnen, der in der jenseitigen Welt lebt und regelmäßig mit allen kommuniziert.

Julie, eine Schriftstellerin Ende Dreißig, die im Südwesten der USA lebt, berichtet uns von ihrem verstorbenen Onkel, einem Geschäftsmann aus Connecticut, der nie aus ihrem Leben oder dem seiner unmittelbaren Familie verschwunden ist. Diese Saga umspannt sechzehn Jahre und verbindet das Leben von einem Dutzend Menschen, deren Kommunikation mit ihm durch Träume, Gedankenübertragung und physischen Kontakt, durch Synchronizität und Hellsehen, durch die unerklärliche Bewegung von Objekten und Energieveränderungen stattfindet – mit anderen Worten, auf jede nur erdenkliche Weise, die man sich vorstellen kann.

Daher ist dieser Bericht besonders geeignet, um unseren Einblick in die aktive Kommunikation mit dem Jenseits abzuschließen.

Julie beginnt ihre Erzählung mit dem Tod ihres Onkels – einem Ereignis, das normalerweise als das Ende einer Beziehung angesehen wird. Doch wie wir sehen werden, war dies nicht mehr als ein einzelner Schritt in der ununterbrochenen Bewegung des Lebens.

Als mein Onkel Arthur im April 1978 starb, war die gesamte Familie von Trauer überwältigt und befand sich in einem Zustand des Schocks.

Arthur, ein starker, freundlicher, großzügiger Mann, war nur 53 Jahre alt geworden. Kurz vor seinem Tod hatte ihm sein Arzt anläßlich der jährlichen Vorsorgeuntersuchung beste Gesundheit bescheinigt. Er war nie herzkrank gewesen und zeigte keinerlei Symptome oder Unregelmäßigkeiten, die seinen plötzlichen massiven Herzinfarkt hätten vorhersehen lassen, der seinem Leben an einem sonnigen Frühlingsnachmittag ein so unerwartetes Ende setzte.

Obwohl es keine Vorwarnung gegeben hatte, starb Arthur so, wie er es sich immer gewünscht hatte. Jahre zuvor, als Bing Crosby, der bekannte amerikanische Sänger, beim Golfspielen starb, hatte Arthur verkündet: »So möchte ich auch einmal sterben.«

Sein Wunsch wurde erfüllt.

Arthur liebte Golf und spielte seit vielen Jahren regelmäßig. Am Tag nach dem Geburtstag seiner Frau brach er mitten im Spiel tot zusammen.

Man brachte ihn sofort ins Krankenhaus, doch die sogleich vorgenommenen Wiederbelebungsversuche blieben erfolglos.

Als die einzelnen Familienmitglieder persönlich oder telefonisch von dem Geschehen in Kenntnis gesetzt wurden, zeigten sie alle die gleiche Reaktion: Unglauben und tiefste Traurigkeit. Arthur war ein Mann gewesen, den alle, die ihn kannten, liebten, den einfach jeder mochte.

Ich selbst hatte ihn zuletzt zwei Monate vorher gesehen, als er und meine Tante uns besuchten. Ich war damals Mitte Zwanzig, stand kurz vor meinem Universitätsabschluß und war nach Hause gekommen, um meine Eltern zu sehen. Arthur war stets wie ein zweiter Vater für mich gewesen, und ich spürte stets die gleiche Fürsorge und zärtliche Besorgnis von ihm, die ein Vater seiner Tochter entgegenbringt.

Daher trauerte ich auch um seinen Tod wie eine Tochter, die ihren Vater verloren hat.

Nach dem Begräbnis versammelte sich die Familie im Haus von Arthurs Tochter, und ich erwartete jeden Moment, ihn durch die Tür kommen zu sehen. Den anderen Anwesenden ging es genauso. Dutzende von Familienmitgliedern aus dem ganzen Land waren gekommen, wie bei einer Hochzeit oder Taufe – wo blieb nur Arthur? Wo war der kräftig gebaute Mann mit dem sanften Auftreten, der stets den Raum mit dem warmen, beruhigenden Duft seiner Pfeife erfüllt hatte?

Ich bin sicher, daß er bei uns war; wir konnten ihn nur nicht sehen. Zwar waren schon einige andere, meist ältere Mitglieder unserer großen Familie vor ihm gestorben, doch sosehr wir sie auch liebten und vermißten, hatten wir ihre geistige Anwesenheit nie bemerkt – ganz im Gegenteil zu Arthur, dessen Präsenz auf einzigartige Weise jedem, der ihm zu Lebzeiten nahegestanden hatte, deutlich spürbar war. Und das hat sich bis zum heutigen Tage nicht geändert.

Man sagt, daß im Falle eines plötzlichen und unerwarteten Todes, der für die Hinterbliebenen besonders schwer zu akzeptieren ist, der Geist des Verstorbenen häufig Kontakt zu seinen Lieben herstellt, damit er ihnen beistehen und sie daran erinnern kann, daß er nach wie vor in ihrer unmittelbaren Nähe ist, wenn auch in veränderter Form und in einer höheren Schwingungsebene. Arthur jedenfalls tat das.

Ich habe mich oft gefragt, woher Arthur die Zeit nahm, sich auf sein spirituelles Wachstum und seine Pflichten im Jenseits zu konzentrieren, während er gleichzeitig so lange und so ausgiebig den Kontakt zu verschiedenen Mitgliedern seiner Familie in der dreidimensionalen Welt aufrechterhielt.

Es versteht sich von selbst, daß meine Tante einige der dramatischsten Kontakte mit ihm hatte. Kurz nach seinem Tod stattete er ihrem gemeinsamen Haus in Connecticut den ersten von vielen Besuchen ab. Meine Tante konnte ihn zwar niemals sehen, doch hinterließ er immer eindeutige physische Spuren.

Bei dieser besonderen Gelegenheit bestand der Hinweis aus dem Abdruck von Golfschuhen auf dem Teppichboden zwischen dem Schrank im Schlafzimmer, in dem er seine Schuhe aufzubewahren pflegte, und dem gegenüberliegenden Fenster.

Da außer meiner Tante an jenem Tag niemand im Haus war, konnte sie die Möglichkeit eines dummen Streiches ausschließen; zudem hatte sie die Golfschuhe ihres Mannes, zusammen mit seiner Garderobe, kurz nach seinem Dahinscheiden weggegeben.

Die Besuche Arthurs bei seiner Tochter waren ebenfalls klassischer Natur. Sie konnte den Duft seines Tabaks riechen und spürte oft seine Gegenwart in ihrem Haus. Niemand in ihrer Familie rauchte, und auch Besuchern war es nicht gestattet, sich eine Zigarette oder Pfeife anzuzünden.

»Wann immer ich seinen Tabak roch, hatte ich das Gefühl, daß er mich damit seiner Anwesenheit und seines Schutzes versichern wollte«, erzählte sie mir, nachdem ich ihr von meinem eigenen Kontakt mit ihrem Vater berichtet hatte. Wie viele Menschen, so zögerte auch sie, als dieses Thema zur Sprache kam, und war zunächst nicht bereit, mit jemandem über ihre Erlebnisse zu sprechen, auch wenn er vielleicht in der Lage war, ihr diese zu erklären. Ich verstand sie nur zu gut, denn auch ich hatte sechzehn Jahre lang gewartet, bevor ich ihr erzählte, daß ihr Vater seit seinem Tod regelmäßig den Kontakt mit mir aufrechterhalten hatte. Allerdings hatte ich ihrer Mutter stets von diesen Kontakten berichtet.

Einige Monate nach Arthurs Tod ließ er mich zum ersten Mal seine Gegenwart spüren. Eines frühen Sonntagmorgens war ich im Badezimmer; ich war mit einem Morgenmantel bekleidet und lehnte mich gerade über die Badewanne, um den Wasserhahn aufzudrehen und mir ein Bad einlaufen zu lassen. Plötzlich wehte ein kühler Luftzug durch den Raum. Das verwunderte mich, denn Fenster und Tür waren geschlossen und die Klimaanlage abgestellt; ich hatte keine Ahnung, was hier vor sich ging, doch war ich nicht erschrocken, sondern eher verwirrt. Des Rätsels Lösung ließ jedoch nicht lange auf sich warten, denn im nächsten Moment fühlte ich die sanfte Berührung einer Hand auf meiner Schulter und hörte, wie die Stimme Onkel Arthurs laut meinen Namen rief. Ich war überrascht, doch hatte ich keine Angst, denn spirituelle und metaphysische Erfahrungen waren seit jeher ein Teil meines Lebens gewesen und daher für mich ganz normal. Dennoch verwirrte und überraschte mich die Unmittelbarkeit dieses Kontaktes. Zögernd verließ ich das Badezimmer und ging ins Wohnzimmer hinunter, wo meine Mitbewohnerin eine Tasse Kaffee trank und die Sonntagszeitung las.

»Mein Onkel Arthur hat mir gerade einen Besuch aus dem Jenseits abgestattet«, sagte ich so beiläufig wie möglich.

»Meinst du den, der kürzlich gestorben ist?« fragte sie und sah dabei kaum überrascht aus. »Wo?«

»Im Badezimmer«, antwortete ich in einem Ton, als würde ich täglich Besucher aus der anderen Welt in meinem Badezimmer empfangen. »Ich wollte gerade ein Bad nehmen.«

Ich erzählte ihr, was passiert war. Als ich geendet hatte,
klingelte das Telefon. Meine Freundin stand auf, um das
Gespräch entgegenzunehmen. Als sie ins Wohnzimmer
zurückkam, war sie weiß wie die Wand und sagte mir, daß
der Anrufer ein Mann sei, den sie nur flüchtig kannte; ein
Kommilitone, mit dem sie eine Studiengruppe an der Universität besuchte und von dem sie wußte, daß er sich für spirituelle Dinge interessierte. Er hatte angerufen, um mit *mir*
zu sprechen, sagte sie. Ich hatte ihren Anteil der telefoni-
schen Konversation gehört, und alles, was sie gesagt hatte,
war »Hallo« gewesen.

»Ich kenne ihn nicht«, erwiderte ich, »warum will er mit
mir reden?«

»Als ich den Hörer abnahm«, erklärte sie, »sagte er, er
habe das Gefühl, daß meine Zimmergenossin einen Geist
in ihrem Energiefeld habe.«

»Es ist wohl besser, wenn ich mit ihm spreche«, antwortete ich schnell und wußte nicht, ob ich lachen, ungläubig
den Kopf schütteln oder Erleichterung verspüren sollte
aufgrund dieser unmittelbaren Unterstützung.

Ich nahm den Hörer, und wir sprachen kurz miteinander. Er bestätigte mir, was ich bereits vermutet hatte: daß
mein Onkel gekommen war, um mich im Schmerz um seinen Verlust zu trösten, doch daß ihn gleichzeitig meine in-
tensive Trauer zu sehr an die Erdendimension binden
würde.

»Er kann nicht weitergehen und die Aufgaben erfüllen,
die auf ihn warten, wenn du nicht dazu bereit bist, ihn loszulassen«, teilte mir der junge Mann mit. »Du mußt ihn frei-
geben. Er wird weiterhin für dich und seine anderen Lieben
dasein, doch muß er sich auch um seine eigene geistige Entwicklung kümmern. Im Augenblick jedoch ist er zu sehr mit

seiner Bindung an die dreidimensionale Welt beschäftigt, und das ist weder für ihn noch für dich besonders gut.«

Er erklärte mir, daß Arthurs Besuche uns bei der Bewältigung unserer Trauer helfen könnten, da sie deutlich bewiesen, daß wir ihn nicht wirklich verloren hatten. Und hätten wir das erst einmal akzeptiert, würde unsere Traurigkeit nicht mehr so tief und schmerzhaft sein, was es wiederum Arthur erleichtern würde, sich von der dreidimensionalen Ebene zu lösen.

Es stimmte, was der junge Mann sagte: Ich hatte meinen Onkel nicht gehen lassen – im Gegenteil, ich dachte täglich an ihn und wünschte, er wäre bei mir. Und obwohl die Tränen in letzter Zeit nicht mehr so oft geflossen waren, hatte ich in den ersten Monaten nach seinem Tod jeden Tag um ihn geweint.

Auch war die Bemerkung meines Anrufers richtig, daß Onkel Arthurs Besuch in meinem Badezimmer ein beunruhigendes Gefühl bei mir hinterlassen hatte. Ich wußte jetzt, daß es an der Zeit war, ihn loszulassen, und ich tat es.

Die Beziehung zu meinem Vater war seit frühester Kindheit sehr spannungsreich gewesen, und mein Onkel war für mich der Inbegriff bedingungsloser, beständiger Liebe und emotionaler Sicherheit geworden, die mir meine unmittelbare Familie nicht geben konnte. Doch jetzt war es an der Zeit zu akzeptieren, daß Arthurs Liebe nicht mit ihm gestorben war, sondern daß seine Fürsorge und Unterstützung mich weiterhin begleiten würden, auch wenn seine Seele ihre Heimstatt in einer anderen Dimension gefunden hatte. Intuitiv würde ich mich stets für seine Kontakte offenhalten, was es mir ermöglichen würde, seine Gegenwart zu *spüren* und den Kontakt mit ihm zu *fühlen*, wenn wir auch nicht mehr die Gelegenheit hatten, das in Fleisch und

Blut zu tun, wie zuvor. Sobald ich mich entspannte und diesem intuitiven Vorgang vertraute, konnte ich die Tatsache seines Dahinscheidens viel leichter hinnehmen, und die Verbindung mit seiner Seele vertiefte sich. Wann immer ich heute an ihn denke, habe ich ein tröstliches, warmes Gefühl; ich brauche ihn nicht mehr als Krücke zur Überwindung meines Schmerzes.

Einige Monate nach seinem Besuch im Badezimmer hatte ich den ersten Traum. Insgesamt hat Arthur in den letzten sechzehn Jahren in vier Träumen mit mir Kontakt aufgenommen.

Im ersten Traum – einem klassischen Beispiel für die »Ich-bin-ok-Mitteilung«, die oft bei jenen, die den Kontakt fortsetzen, auftaucht – fand ich mich auf einer Bank in einem Freizeitpark wieder. Die Sonne strahlte vom Himmel; die Luft roch frisch und süß, es war weder zu feucht noch zu trocken, weder zu warm noch zu kalt, sondern schlichtweg perfekt – mir schien, als hätte jemand einen idealen Spätfrühlingstag bestellt.

Der Park war farbenfroh, unberührt und verlassen – bis auf mich.

Während ich allein auf der Bank saß, wußte ich, daß ich aus einem bestimmten Grund hergekommen war; doch was dieser Grund war, konnte ich nicht sagen. Jedoch beunruhigte mich das nicht im geringsten. Ich saß ruhig und zufrieden da und genoß den wunderbaren Tag.

Gegenüber meiner Bank befand sich ein kunstvoll gefertigtes Karussell, dessen Pferdchen in leuchtenden Rosa-, Pfirsich- und Goldtönen bemalt waren. Plötzlich ertönte eine süße, verspielte Musik, und das Karussell setzte sich in Bewegung. Mit kindlicher Verzückung sah ich zu, wie die Pferdchen langsam ihre Kreise drehten. So wie der Tag

war auch das Karussell perfekt – nicht zu langsam und nicht
zu schnell.

Ich war wie verzaubert und sah den bunten Pferdchen
bei ihrem sanften Auf und Ab zum Klang der Musik zu. Sie
alle hatten während ihrer Umdrehungen keine Reiter gehabt; folglich war ich ein wenig überrascht, als ich plötzlich
auf einem von ihnen meinen Onkel Arthur sitzen sah, als es
langsam in mein Blickfeld geriet. Genau in dem Augenblick, als sein Pferdchen die Mitte erreicht hatte – gegenüber dem Platz, an dem ich saß –, hielt es an, und Onkel Arthur stieg ab und kam mit einem liebevollen Lächeln auf
mich zu.

Ich blieb auf der Bank sitzen und sah ihm entgegen. Ich
spürte ein angenehmes, sanftes Glühen um mich herum;
hätte ich versucht, die Stimmung in Worten auszudrücken,
wäre es mit folgendem wohligen Seufzer gewesen: »Alles
ist in Ordnung, alles ist gut.«

Arthur kam direkt auf mich zu, und es schien mir, als
schwebe er. Doch hatten weder er noch der Park oder das
Karussell eine besonders ätherische Ausstrahlung, und
auch ich fühlte mich wie immer. Es schien einfach ein ganz
normaler, wenn auch absolut perfekter Tag zu sein.

Mein Onkel nahm auf der Bank zu meiner Rechten
Platz, und ich wandte ihm mein Gesicht zu. Wir sprachen
nicht viele Worte miteinander; unsere Gedanken übertru-
gen sich, indem wir uns in die Augen sahen. Jeder spürte die
Gefühle des anderen. Als er sprach, tat er das nur, um mir
zu sagen, daß es ihm gutginge, daß er uns alle vermisse und
daß wir uns keinerlei Sorgen um ihn zu machen bräuchten.
Ich sagte ihm, wie sehr wir ihn liebten und daß auch wir ihn
alle vermißten. Der Ton seiner Stimme war beruhigend und
heiter und ganz und gar nicht besorgt. Wie alles andere um

uns herum, so war auch unsere Kommunikation perfekt. Er
fragte, wie es allen ginge, und ich teilte ihm ein paar Einzelheiten aus unserer Familie mit. Dann versprach er, daß
er mich wieder besuchen und hin und wieder nach dem
Rechten sehen würde. Es war, als wollte er mich wissen lassen, daß er nicht wirklich fortgegangen war und daß er uns,
obwohl wir ihn nicht mehr so oft sehen würden, besuchen
würde, um uns seinen Beistand zuteil werden zu lassen und
uns zu zeigen, daß es ihm gutginge.

Danach erhob er sich. Unser Abschied geschah auf telepathischem Weg, wir sprachen nicht. Dann wandte er sich
um, ging ein paar Schritte – und war verschwunden, als
hätte er sich in Luft aufgelöst.

Ich wußte, daß er sein Versprechen halten würde und
daß ich meiner Familie von diesem Traum berichten sollte,
so wie man von einem Telefongespräch mit einem weit entfernt lebenden, lieben Menschen erzählt. Dann wachte ich
auf.

»Rate mal, mit wem ich gesprochen habe«, fing ich jede
Konversation mit Familienmitgliedern und Freunden an,
bevor ich ihnen von meinem Traumerlebnis berichtete. Ihre
Reaktion war jedesmal so gelassen und heiter wie der
Traum selbst – sie waren weder skeptisch noch besonders
aufgewühlt, lediglich fasziniert von meinem Erlebnis und
froh über Arthurs fortgesetzte Anwesenheit.

Im Laufe der Jahre erfuhr ich, daß auch Arthurs Ehefrau, Tochter, Schwiegersohn und Schwiegertochter oft mit
ihm kommunizierten, jeder auf seine eigene, unterschiedliche Weise. Als wir unsere diesbezüglichen Erfahrungen
austauschten, stellten wir fest, daß Arthur seit dem Tag seines Todes in ununterbrochenem Kontakt mit uns gewesen
war. Es vergingen nie mehr als ein paar Monate, bevor wie-

der ein nicht zu übersehender, dramatischer Kontakt mit einem von uns passierte. Diese Kontakte geschahen in Form von Träumen, von Synchronizitäten, die zweifelsfrei mit Arthur zusammenhingen, und von gefühlsmäßigen Empfindungen (wie dem Duft seines Tabaks oder einem freundlichen Klaps auf die Schulter), aber auch durch das Gefühl seiner Gegenwart und Führung, den Klang seiner Stimme und sogar durch physische Ereignisse, wie das Bewegen von Gegenständen.

Keiner von uns hatte das geringste Problem mit Arthurs fortgesetzter Anwesenheit.

Den zweiten Traum hatte ich ungefähr ein Jahr später. In ihm befand ich mich in den Kulissen eines großen Theaters. Auch dieses Mal war ich allein und fühlte wie beim ersten Traum, daß es einen Grund dafür gab, warum ich hier war, wenn er mir auch nicht bewußt war – was mich aber nicht im geringsten störte. Ich ging an den riesigen Seilen, die den Bühnenvorhang öffnen und schließen, und an den hohen, grauen Betonwänden vorbei, bis ich zu einem langen Flur kam. Während ich ihn entlangging, sah ich auf der rechten Seite eine Garderobe nach der anderen. Der Boden war aus grauem Beton, die Wände hatten eine unauffällige Farbe, und die Türen der Umkleideräume waren aus dunklem, altem Holz. Es war ein großes und altes Theater, doch befand es sich in einem sehr gepflegten Zustand. Während ich langsam den ungeheuer langen Flur weiter entlangschritt, konzentrierte ich meinen Blick auf das Ende. Plötzlich erschien dort mein Onkel Arthur; er stand einfach ruhig da.

Ich ging weiter. Auch er setzte sich in Bewegung, und in der Mitte des Ganges trafen wir uns.

Wie in meinem Traum vom Karussell tauschten wir auch

dieses Mal unsere Gedanken und Gefühle auf telepathischem Wege aus und berührten einander nicht. Er erschien
mir so wirklich wie eh und je, und abgesehen von der Tatsache, daß er sich einfach aus dem Nichts materialisiert
hatte, war die Situation in jeder Hinsicht normal.

Es war so eine Freude, ihn wiederzusehen. Unsere verbale Kommunikation war ähnlich der auf der Parkbank in
meinem ersten Traum. Er erkundigte sich auch wieder nach
meinem Wohlbefinden und dem der restlichen Familie. Ich
antwortete, daß es uns allen gutginge, berichtete ihm auf
seinen Wunsch hin ein paar Einzelheiten von dem einen
oder anderen und sagte ihm, daß wir ihn alle vermißten.
Auch dieses Mal versicherte er mir, daß mit ihm alles in
Ordnung sei, daß auch er uns liebte und vermißte und daß
er wiederkommen und bei mir »nach dem Rechten« sehen
würde. Wir sagten uns telepathisch auf Wiedersehen, er
drehte sich um, ging ein paar Schritte und verschwand, genau wie in dem anderen Traum.

Damit wachte ich auf.

Im Laufe der nächsten zwölf Jahre, in denen auch andere Mitglieder meiner Familie Begegnungen mit Arthur
hatten, fühlte ich immer wieder seine Gegenwart und
sprach oft mit lauter Stimme zu ihm, so wie man es mit einem Verstorbenen beim Besuch seines Grabes tun würde.
Jedoch habe ich in all den Jahren nicht ein einziges Mal sein
Grab besucht, abgesehen vom Tag der Beerdigung. Ich
richte einfach das Wort an ihn, wann immer ich das Bedürfnis danach habe, und ich *weiß*, daß er mich hört.

Innerhalb der letzten zwei Jahre ist Arthur mir noch
zweimal im Traum erschienen. Die Erinnerung an einen
dieser Träume ist so vage, daß ich nur noch weiß, daß er
mich besucht hat, wobei wir wie zuvor verbalen und tele-

pathischen Gedankenaustausch hatten – doch mit einem kleinen Unterschied. Seine Energie war wesentlich intensiver. Ich spürte eindeutig den Trost seiner geistigen Fürsorge, Unterstützung und Liebe. Beim Aufwachen kam mir der Gedanke, Arthur ausdrücklich um Besuche in meinen Träumen oder zu anderen Gelegenheiten zu bitten, und ich war mir sicher, daß er meinem Wunsch nach seiner Gegenwart nachkommen würde. Nie zuvor hatte ich an diese Möglichkeit gedacht; in der Vergangenheit war er einfach aufgetaucht, ohne daß ich ihn ausdrücklich darum gebeten hätte.

Nicht lange nach diesem Traum verstärkte sich das Gefühl seiner Anwesenheit, und ich wußte, daß ich irgendwie einen spirituellen Fortschritt gemacht hatte. Ich hatte nicht den geringsten Zweifel, daß er mir genau so nahe war wie meine Familie und Freunde hier auf der Erde und ich jederzeit mit ihm Kontakt aufnehmen konnte, sei es, um mit ihm zu plaudern, ihm Neuigkeiten mitzuteilen, ihn um Hilfe bei der Lösung eines Problems zu bitten oder emotionalen Beistand und Ratschläge von ihm zu erhalten. Ich war mir sicher, daß er einer meiner geistigen Führer geworden war, die auf mich aufpaßten und mir halfen, wenn es nötig war.

Vor ein paar Monaten erschien mir Onkel Arthur in einem vierten Traum, nachdem ich ihn geistig um sein Erscheinen gebeten hatte. Dieses Mal hatte ich das Gefühl, als sei er sehr mit anderen Dingen beschäftigt, wollte mich aber dennoch wissen lassen, daß er mir zur Verfügung stand. Wir hatten in diesem Traum kein persönliches Treffen von Angesicht zu Angesicht; statt dessen fand ich mich im begehbaren Schrank meiner Tante wieder, wo ich vor einer langen Reihe von Blusen und Kleidern stand. Ich schaute auf den Boden und sah Arthurs Füße. Er trug die gleichen schwarzen Schuhe wie zu seinen Lebzeiten und versteckte sich hinter den Kleidern meiner Tante! Ich konnte nur den unteren Teil seiner Beine erkennen. Für einen kurzen Moment sah ich seine Erscheinung als Schatten hinter den Kleidern, wo er sich während des ganzen kurzen Besuchs versteckt hielt. Unsere Kommunikation war hauptsächlich telepathischer Natur. Wir verzichteten diesmal auf allgemeine Fragen und konzentrierten uns sofort auf das Wichtigste. Ich übermittelte ihm zum Teil telepathisch, zum Teil verbal, warum ich ihn hatte sehen wollen. Er reagierte auf die direkte und ehrliche Art, die ihn zu seinen irdischen Lebzeiten ausgezeichnet hatte und ihm auch im Jenseits zu eigen war. Er war voller Liebe, beruhigend und positiv. Er versuchte nicht, mich loszuwerden, doch spürte ich, daß es Zeit war zu gehen, daß er sich im Schrank seiner Frau befand, da sie seinem Schutz unterstand, und daß er mich in seinen »Stundenplan« hineingequetscht hatte, obwohl seine Aufmerksamkeit eigentlich im Moment ganz seiner Frau galt. Ähnlich wie ein Arzt, der sich eines Notfalls annimmt, obwohl er die Praxis voller Terminpatienten hat. Ich wußte, daß Arthur mir gerne diesen kurzen Moment der Aufmerksamkeit gewährt hatte, und nachdem meine Frage, für die ich in den Schrank geklettert war, beantwortet war, verabschiedete ich mich fröhlich von ihm und ging. Dann wachte ich auf.

Für mich ist es natürlich, Arthur als einen meiner geistigen Führer zu betrachten, denn er beweist es mir immer wieder aufs neue. Selbstverständlich bin ich nicht die einzige, die er leitet und beschützt. Doch wie der gute Vater, Onkel, Bruder, Freund und Geschäftsmann, der er zu seinen Lebzeiten war, so achtet er auch heute aus dem Jenseits darauf, daß es uns allen gutgeht.

Erst kürzlich erfuhr ich, daß auch Diane, die Frau seines ältesten Sohnes, ausgedehnte Kontakte zu ihm hatte.

An einem Frühlingstag im Jahre 1978 studierte Diane eine Liste mit Babynamen. Sie und ihr Mann hatten sich um eine Adoption beworben, und es war ihnen gerade mitgeteilt worden, daß sie in drei Monaten ein Baby bekommen würden. Sie wußten jedoch noch nicht, ob es sich um einen Jungen oder ein Mädchen handelte. Für ein Mädchen gefiel Diane der Name Arianne besonders gut. Sie wollte gern die jüdische Tradition aufrechterhalten, nach der man einem Baby den Namen eines verstorbenen Angehörigen gibt oder zumindest einen, der denselben Anfangsbuchstaben hat, doch sie mußte leider feststellen, daß es in ihrer Familie und der ihres Mannes keinen Verstorbenen gab, dessen Namen mit einem »A« begann und den sie mit dieser Geste hätte ehren können. Dann fiel ihr ein, daß es nicht unbedingt nötig war, den englischen Namen des Verstorbenen zu benutzen; sie konnte ihrem Baby auch seinen hebräischen Namen als Zweitnamen geben. Im jüdischen Glauben erhält das Kind, wenn es ein Mädchen ist, seinen Namen in einer entsprechenden Zeremonie in der Synagoge; ein Junge wird während der *Bris*, der Beschneidungszeremonie, benannt.

Dennoch überlegte Diane angestrengt, ob sie vielleicht irgend jemanden in der Familie vergessen hatte, der verstorben war und dessen Name mit einem »A« begonnen hatte. Es fiel ihr nur eine Person ein, und das war ihr Schwiegervater – mein Onkel Arthur –, den sie sehr liebte. Doch Arthur war gesund und munter, folglich konnte das Baby nicht nach ihm benannt werden.

Im Laufe dieses Tages – sie erinnert sich nicht genau, wieviel Zeit verging zwischen ihrem Grübeln über einen

Namen und dem Moment, wo das Telefon klingelte – erhielt
sie den Anruf, in dem ihr mitgeteilt wurde, daß ihr Schwiegervater beim Golfspielen einen tödlichen Herzinfarkt erlitten hatte. Es ist durchaus möglich, daß er genau in dem
Augenblick gestorben war, als sie sich den Kopf darüber
zerbrach, wer in der Familie einen Namen mit dem Anfangsbuchstaben »A« hatte und in der jenseitigen Welt
weilte. Ihre erste Reaktion, sagt sie heute ruhig, war ein Gefühl des Schreckens und der Schuld, als hätte ihr Nachdenken über Babynamen dazu geführt, daß Arthur sich für
diese Ehre zur Verfügung gestellt hatte. Doch schnell bemerkte sie, daß es wohl eher umgekehrt war. Arthurs Dahinscheiden hatte zu Dianes Nachdenken über Namen mit
dem Buchstaben »A« geführt, und sie wußte plötzlich, daß
Arthurs Seele sie auf diese Weise von ihrem bevorstehenden Übergang ins Jenseits hatte in Kenntnis setzen wollten.

Diane hatte noch keinem in der Familie gesagt, daß endlich ein Baby gefunden war, und sie verspürte ein Schuld-
gefühl, daß Arthur gestorben war, ohne um sein neues Enkelkind zu wissen. Nach seinem Tod gab sie der Familie die
Ankunft ihres lang ersehnten Adoptivkindes bekannt, und
nachdem sie erfahren hatten, daß es ein Junge war, gaben
sie ihm den Namen Allan, mit dem Anfangsbuchstaben A
zu Ehren ihres verstorbenen Schwiegervaters.

Einige Monate später hatte Diane den ersten von vielen
Träumen, in denen Arthur sie besuchen kam, um einen Tag
mit ihrer Familie zu verbringen. Dabei erzählte sie ihm von
seinem neuen Enkelkind, und er sagte ihr, daß er schon um
dessen Ankunft gewußt hatte. Sie ging mit ihm ins Kinder-
zimmer hinauf, um die beiden einander vorzustellen.
Während dieses ersten Traumbesuchs erklärte Arthur
Diane, ihrem Mann, ihren beiden Kindern und seiner eige-

nen Ehefrau, daß es ihm gestattet sei, sie einmal jährlich einen ganzen Tag lang zu besuchen, doch er müsse vor Anbruch der Nacht zurückkehren. Sie sollten darüber nicht traurig sein, sagte er lächelnd, denn im nächsten Jahr würde er wiederkommen.

Die grundsätzlichen Gegebenheiten in Dianes jährlichem Traum sind immer die gleichen: Nicht älter als zum Zeitpunkt seines Todes, bekleidet mit einem kurzärmeligen Hemd und locker geschnittenen Hosen, kommt Arthur in Begleitung seiner Frau zu Besuch in Dianes Haus. Vor einigen Jahren hat seine Frau noch einmal geheiratet, und seither ist auch Marvin, ihr neuer Ehemann, bei diesen Besuchen anwesend, was sowohl für Arthur als auch für die anderen kein Problem darstellt.

Dann machen es sich alle im Wohnzimmer bequem und erzählen Arthur die letzten Neuigkeiten – und jedesmal gibt er ihnen zu verstehen, daß er schon Bescheid weiß! Sie besprechen die verschiedensten Dinge mit ihm und bitten ihn um seinen Rat – alles in allem ein ganz normales Familientreffen. Alle behandeln ihn, als sei er noch »lebendig«, berichtet Diane. Jeder kann ihn berühren, doch wissen alle, daß er jetzt auf der anderen Seite lebt und nicht im gleichen Sinne lebendig ist wie sie. Danach begibt sich die Familie zum Essen ins Eßzimmer, und Arthur bleibt noch ein paar Stunden bei ihnen, bevor er sie wissen läßt, daß es für ihn an der Zeit ist zu gehen. Nachdem er sich verabschiedet hat, begleitet ihn seine Frau jedesmal hinaus.

Diane sagt, daß Arthurs Besuche immer zu besonderen Anlässen stattfinden, wie zum Beispiel nach der Hochzeit seines Enkels im letzten Jahr. In ihrem Traum erzählten sie ihm von dem Ereignis, und er sagte ihnen, er sei im Geiste dabei gewesen, direkt neben der Braut und dem Bräutigam.

In diesen Träumen ist es immer sommerlich, unabhängig von der Jahreszeit, in der sie auftreten. Arthur erscheint jedesmal in kurzärmeligen Hemden, und Diane nimmt an, daß das eine Reminiszenz an den Zeitpunkt seines Todes ist, der ihn im Frühsommer ereilte.

»Jedesmal, wenn Arthur mir im Traum erscheint, bin ich erfüllt von einem behaglichen, durch und durch angenehmen Gefühl«, sagt Diane. »Und bei jedem Besuch ißt er mit uns zu Abend. Die ganze Familie ist in meinem Haus versammelt und wartet auf ihn. Abgesehen von meinem ersten Traum, in dem wir alle sehr überrascht waren, ihn plötzlich durch die Tür kommen zu sehen, hat die Situation nichts Erschreckendes und erscheint uns als ganz normal. Alle Verwandten sind begeistert, Arthur wiederzusehen, und jeder Besuch beginnt dort, wo der letzte geendet hat.«

Im Verlaufe eines Traumes, der schon längere Zeit zurückliegt, ging Arthur durch das ganze Haus und ließ uns wissen, wie sehr er die Veränderungen mochte, die wir seit seinem letzten Besuch vorgenommen hatten, berichtet Diane. »Und jedesmal erinnert er mich daran, daß er nur einen Tag lang bleiben kann. Im ersten Traum weinte ich, als er mir dies sagte, doch seither nicht mehr, denn ich weiß ja, daß er wiederkommen wird.«

Als Diane mir von diesen Träumen berichtete, wurde ich fast ein wenig neidisch, weil Arthurs Besuche bei ihr immer einen ganzen Tag lang dauern, während ich ihn jedesmal nur kurz sehe. Doch dann mußte ich zugeben, daß das schon seine Richtigkeit hatte; schließlich galten seine Besuche in ihrem Haus seiner unmittelbaren Familie: seinem Sohn, der Schwiegertochter, den Enkelkindern und seiner Frau. Da ich zuvor nicht gewußt hatte, daß solch lange Besuche überhaupt möglich sind, schlug ich Diane vor, jeder einzelne von uns sollte Arthur ganz offiziell um einen vollen Besuchstag bitten und abwarten, was geschieht.

Ich bin gespannt, ob er in der Lage sein wird, auch seiner Tochter, seinem anderen Sohn und dem Rest seiner Familie in Träumen zu erscheinen.

Arthur hat eine ganz besondere Beziehung aus dem Jenseits zu dem Ehemann seiner Tochter, der zu Lebzeiten sein Geschäftspartner gewesen war. Er steht seinem Schwiegersohn auch aus der jenseitigen Welt weiterhin bei geschäftlichen Angelegenheiten mit Rat zur Seite, doch hat er sich nie in dessen Träumen offenbart.

»Es war an einem Nachmitag im Büro. Ich war wach«, erzählt Ron. »Ich will es zwar nicht glauben, doch ich *weiß*, daß er da war. Das letztemal besuchte er mich vor ungefähr einem Jahr. Ich habe versucht, das Ganze zu vergessen, doch es gelingt mir nicht.«

Es ist nicht verwunderlich, daß die drei Personen, die Arthur vor allem für seine Kommunikationen ausgewählt hat – seine Schwiegertochter, sein Schwiegersohn und ich –, alle besonders intuitive Menschen sind, die schon immer offen und empfänglich waren für alles Spirituelle und Metaphysische. In diesem Zusammenhang ist es interessant, Rons Reaktion auf diese Kontakte näher zu betrachten. Er weiß, daß sie stattfinden, doch erstaunt und beunruhigt es ihn gleichzeitig. Er ist ein Ingenieur und Erfinder mit einem wissenschaftlich geschulten Verstand, und es wäre ihm sehr angenehm, wenn seine leidenschaftslose, logische Seite Kontakte mit dem Jenseits als nicht existent abtun könnte. Andererseits ist ihm bekannt, daß sogar die Wissenschaft aufgrund der neuen Forschungen über energetische Phänomene diese Art von Kontakten nicht von vornherein ausschließen kann.

Scherzhaft bemerkte ich ihm gegenüber, daß er wahrscheinlich das gleiche Gefühl habe wie die Menschen des Mittelalters, als Galileo herausgefunden hatte, daß die Erde rund ist und nicht flach, wie seit ewigen Zeiten angenommen. Es war kaum möglich, diese neue Erkenntnis zu ignorieren, doch brauchten die Menschen einige Zeit, bis sie sich daran gewöhnt hatten.

Rons Erfahrungen waren so klar und deutlich, daß der Aspekt seines Wesens, der spirituell und metaphysisch um diese Möglichkeiten weiß und dafür aufgeschlossen ist, nicht an ihrer Realität zweifelt.

»In neunzig Prozent der Fälle bin ich während dieser Kontakte mit meiner Arbeit beschäftigt«, sagt Ron. »Ich spüre Arthurs Gegenwart, so wie man etwas aus den Augenwinkeln heraus zu sehen glaubt. Ich arbeite immer gerade an einem Problem und habe plötzlich das Gefühl, eine Information zu erhalten, die sich auf das entsprechende Thema bezieht, etwas, das mir bei der Erledigung des Projektes hilft. Für die nächsten zwei Tage denke ich nicht weiter über diese neue Idee nach, weil ich mir nicht sicher bin, aus welcher Quelle sie kommt; ich weiß nur, daß sie nicht von *mir* stammt. Und als wollte Arthur mich dazu bringen, meine Aufmerksamkeit auf die jeweilige Idee zu richten, finde ich die verschiedensten Dinge in meinem Büro nicht an ihrem Platz, so als hätte sie jemand neu arrangiert. Ich weiß, daß Arthur damit meine Aufmerksamkeit wecken will. Diese Ideen kommen von *ihm*, und es stellte sich jedesmal heraus, daß sie funktionierten«.

In der Zeit unmittelbar nach seinem Dahinscheiden besuchte Arthur seinen Schwiegersohn besonders oft.

»Ich hatte eine Menge seiner geschäftlichen und persönlichen Angelegenheiten zu erledigen«, erinnert sich

Ron, »und es war oft frustrierend. Manchmal befand ich mich allein in unserem Büro und ertappte mich dabei, wie ich laut mit Arthur sprach, wobei ich nicht ernsthaft damit rechnete, daß er mich hören konnte. Dennoch richtete ich viele Fragen an ihn, und jedesmal erhielt ich zwei, drei Tage später die Antwort. Auch hatte ich oft das Gefühl, als führte er mich zu Dingen hin, die ich ohne seine Hilfe nicht so schnell gefunden hätte. Mir fielen Unterlagen in die Hände, die zuvor unauffindbar gewesen waren, und heute glaube ich, daß er mir mit Hilfe von ›Zufällen‹ und Synchronizitäten alles in die Hände spielte, was ich zur Erledigung seines umfangreichen geschäftlichen Nachlasses benötigte. Zunächst wollte ich diese Ereignisse als bloßes Glück oder reine Zufälle abtun, doch im Grunde meines Herzens wußte ich es besser. Ich bin davon überzeugt, daß es keine Zufälle gibt. Alles kommt *irgendwoher*, und in diesen Fällen kam es von Arthur.«

In einem dieser Fälle hatte Ron gerade die Tür zu seinem Büro ins Schloß gezogen, als er feststellte, daß seine Schlüssel noch auf seinem Schreibtisch lagen. Es war halb sechs Uhr abends, also fuhr er frustriert nach Hause und fragte sich, was wohl Arthur in solch einer Situation getan hätte.

Nach dem Abendessen überreichte Rons Frau (Arthurs Tochter) ihm einen Briefumschlag mit Dutzenden von alten Fotos, die zu Arthurs Lebzeiten gemacht worden waren. Während er sie anschaute, fand er ein Bild, auf dem Arthur vor der Tür seines eigenen Büros stand. Ron empfand dies als bemerkenswert; er hatte das Foto nie gesehen und konnte sich nicht erinnern, wann und warum es gemacht worden war.

»Irgendwas auf dem Foto kam mir komisch vor«, erinnert sich Ron. »Dann stellte ich fest, daß ein Hosenbein Ar-

thurs leicht hochgeschoben war. Das zog meinen Blick auf
den Teppich, auf dem er stand, wobei mir plötzlich einfiel,
daß vor Jahren, als man das noch als ungefährlich betrachten durfte, immer ein Ersatzschlüssel unter der Matte vor
Arthurs Eingangstür gelegen hatte. Ich hoffte, daß er vielleicht auch unter dem Teppich vor dem Eingang zu meinem
Büro einen zweiten Schlüssel versteckt hatte.«

Am nächsten Morgen vor seinem Büro schlug Ron
den Teppichboden vor der Tür zurück – und fand einen
Schlüssel!

Nachdem Ron mir diese und andere Erlebnisse berichtet hatte, diskutierten wir die Möglichkeiten der Kommunikation mit dem Jenseits. Wir sprachen darüber, daß selbst
die skeptischsten Wissenschaftler angesichts ihrer eigenen
Erfahrungen feststellen müssen, daß da *irgend etwas vor
sich geht*. Unser Gespräch fand übers Telefon statt, und Ron
befand sich dabei im oberen Stockwerk seines Hauses. Mitten in einer scherzhaften, skeptischen Bemerkung, in der er
mir versicherte, wie sehr er von Jenseitskontakten überzeugt war, obwohl es ihm gleichzeitig gegen den Strich ging,
dies zugeben zu müssen, rief seine Frau aus der im Erdge-
schoß gelegenen Küche: »Hast du den Anruf entgegengenommen?«

»Wovon redest du?« fragte Ron verwirrt. »Ich telefoniere doch schon seit einer Stunde mit Julie.«

»Ihr beide seid noch immer am Telefon?« Seine Frau
hatte den Hörer in der Küche abgenommen und sprach
jetzt zu uns beiden übers Telefon. »Ich dachte, ihr hättet
längst aufgelegt. Das ist unmöglich.«

»Ich verstehe nicht, was du meinst«, erwiderte Ron.

»Das Telefon klingelte dreimal«, antwortete sie. »Ich
war im anderen Zimmer beschäftigt, konnte den Anruf also

nicht entgegennehmen und rief nach dir, damit du ihn an-nimmst. Wahrscheinlich hast du mich nicht gehört; ich wußte nicht, daß du oben warst.«

»Das Telefon kann unmöglich geklingelt haben, weil ich seit einer Stunde mit Julie telefoniere«, wiederholte Ron.

»Es *hat* geklingelt«, beharrte seine Frau, »und zwar min-destens drei mal. Dann war es still.«

Nachdem sie den Hörer in der Küche aufgelegt hatte, seufzte Ron, und ich lachte.

»Warum lachst du?« fragte er mich, obwohl ich sicher war, daß er die Antwort wußte.

»Warum seufst du?« wollte ich wissen, um zu erfahren, was er dachte, bevor ich ihm sagte, warum ich gelacht hatte.

Er erwiderte: »Unmittelbar bevor sie nach mir rief und wissen wollte, ob ich den Anruf entgegengenommen hätte, in dem Moment also, wo sie offensichtlich das Klingeln gehört hatte, spürte ich das Pulsieren einer sonderbaren Energie im Telefon und wunderte mich, was um alles in der Welt das sein könnte.«

Daraufhin erklärte ich ihm, warum ich gelacht hatte, und der Grund war der gleiche wie für sein Seufzen. Wir wußten beide, daß das Klingeln des Telefons ein Zeichen von Arthur gewesen war, mit dem er uns sagen wollte: »Warum diskutiert ihr zwei die Möglichkeiten des Kontakts und fragt euch, ob das, was ihr erlebt, real ist oder nicht? *Ich werde es euch beweisen* … Ich werde es klingeln lassen, während ihr noch telefoniert.«

Und genau das ist es, was Arthur immer wieder in allen möglichen Situationen und auf die unterschiedlichste Weise getan hat!

NACHWORT

Der Tod stört mich nicht im geringsten.
Er wird sicher interessant werden.
Es ist vollkommen ausgeschlossen,
daß ich einfach nur so rumliegen
werde.
Irgendwas wird mit Sicherheit
passieren!

Jerry Seinfeld, Komiker

Die westliche Kultur hat die Neigung, den Tod als ein sehr ernstes, nüchternes und trauriges Ereignis zu betrachten; man bedenke nur Ausdrücke wie »todernst« oder »zu Tode erschrocken«. Wann haben Sie das letztemal jemanden sagen hören »todglücklich« oder »freudig wie der Tod«? Haben Sie den Ausdruck »Tod« jemals in einem anderen als einem negativen und oftmals schrecklichen Zusammenhang benutzt?

Wir assoziieren den Tod mit dem Negativen, weil wir ihn ausschließlich vom physischen Standpunkt aus betrachten und weil die Krankheiten, Unfälle und Verletzungen, die zum Verlust des körperlichen Lebens führen, oft von großen Schmerzen und Leid begleitet sind. Unsere Angst vor dem Tod hat ihre Wurzeln in der Angst vor dem Erleiden von Schmerzen – und in der irrigen Annahme, daß er das Ende unseres Bewußtseins, unseres Geistes, unserer Seele und Persönlichkeit – also unserer menschlichen Essenz – bedeutet, nur weil er das Ende unserer physischen Existenz darstellt. Wir Menschen können und wollen uns nicht vorstellen, daß wir irgendwann *nicht mehr existieren werden*.

Daher ist es nicht ohne eine gewisse Ironie, daß es vielen Menschen nicht möglich ist, an eine bewußte und beseelte Existenz *über den Tod hinaus* zu glauben. Das liegt in erster Linie daran, daß es dem westlich orientierten Verstand äußerst schwerfällt, sich eine Geist-Seele-Existenz vorzustellen, die losgelöst vom physischen Körper bestehen kann. Haben wir einmal diese künstlich errichtete Hürde überwunden, erscheint uns die Tatsache eines Lebens nach dem Tod natürlich, und wir sind bereit, dies problemlos zu akzeptieren.

Halten Sie sich den Ausdruck »an der Schwelle des Todes« vor Augen, und Sie werden erkennen, daß Tod nicht das Ende, sondern den Übergang zu einer neuen Lebensphase darstellt, die in einer anderen Dimension mit einer höheren Schwingungsfrequenz stattfindet.

Der Tod selbst ist weder negativ noch schmerzhaft. Er ist die Befreiung des Geistes von den physischen Begrenzungen des menschlichen Körpers, den er vorübergehend bewohnt hat. Der Tod bedeutet die Heimkehr der Seele in ihren eigentlichen Zustand als nichtphysische Wesenheit und in ihre ursprüngliche Heimat auf der Ebene einer höheren Dimension. Die Seele hat sich nur auf der Erde inkarniert, um hier wie in einer Schule bestimmte Lektionen zu lernen. Betrachten Sie den menschlichen Körper einfach als eine Schuluniform; wenn Sie heimkommen, ziehen Sie diese Uniform aus und etwas Bequemeres an. Auch zu Hause setzt sich Ihre Erziehung fort, in und mit Liebe, Spiel, Vergnügen, Beziehungen und Freundschaften, Leidenschaften und Mitgefühl, Dienst am Nächsten, persönlichem Wachstum und Kommunikation.

Wenn eine Seele in ihre ursprüngliche Heimat zurückgekehrt ist, kann und wird sie den Kontakt mit jenen, die noch in der dreidimensionalen Welt zur Schule gehen, aufrechterhalten. Wir müssen nur lernen, ihre Sprache zu verstehen.

DANKSAGUNG

Ich hatte das große Glück, Führung und Beistand von einigen außergewöhnlichen Menschen zu erhalten, die nicht eindeutig in die Kategorie von Kollegen, Freunden oder Familie einzugliedern sind. Doch vereinen sie alle positiven Aspekte dieser drei Gruppen in sich, und ich bin ihnen zutiefst dankbar für ihre Unterstützung.

Zunächst geht mein Dank an meine »Familie« bei Simon & Schuster: Jack Romanos, Carolyn Reidy, Mark Gompertz, mein Herausgeber Sydney Miner (der dieses ganze Unterfangen – wie üblich – zu einem Vergnügen machte), Marilyn Abraham, Sue Fleming, Chris Lloreda, Lisa Dolin und Rachel Rader.

Besonderer Dank gebührt meiner Agentin Lynn Franklin, deren Freundschaft und Unterstützung mir unendlich viel bedeutet, und Nina L. Diamond, die mir geholfen hat, dieses Buch auf Papier zu bringen.

Marge und Irv Cowan, deren selbstlose Liebe und ständige Ermutigung zur Entstehung dieses Buches grundlegend beigetragen haben, gilt mein tief empfundener Dank. Auch meinen Freunden John Vlack und Debbie Pierce sowie meinen zuverlässigen Assistenten Kelly Eastwood und Ann Rinella möchte ich an dieser Stelle für ihre Hilfe danken. Ebenso meinem Manager Peter Green und Christen Eckles, Vertreterin von Simon & Schuster in Los Angeles.

Curtis Skoda danke ich für seine unschätzbare Unterstützung ebenso wie Adrienne Moore.

Herzlichen Dank auch der wunderbaren Dionne War-
wick und meinen lieben Freunden Jacqueline Janssen, Jill
Hearn, Don und Deborah Carrow, John Nero, Jon Dasher
und David Goodman.

Pam Johnson, Erica Rauzin, D.L., Gladys Seymour Da-
vis, James Redfield, Dannion Brinkley, Michele Tumlin,
Maureen Murray, Marilyn Sunderman, Matthew Glassman,
Bob Diamond, Timolin Cole, Deborah Mash, Shirley Far-
mer, Carol und Aaron Friedman, Lil und Mickey Cohen,
Laura Caster, Rob und Kathryn Cowdery, Gary Wilson,
Amy Philipps, Mindi Rudan, Edie und Marty Bruckner,
Debbie Einhorn und Jonathan Ellis machten mit ihrem
Wissen und ihrer Unterstützung dieses Buch erst möglich.

Meiner Familie danke ich für ihre unerschütterliche
Liebe und Treue: meiner Schwester Sandra Post und meiner Nichte Patti Post sowie meinem Neffen Daniel Silagy
und seiner Familie. Und nicht zu vergessen, ein großes Dan-
keschön für Smarty, meinen Hund.

Meine Liebe und Dankbarkeit gilt auch denen, die bereits in der nächsten Dimension weilen, mir von dort aus
ihre Führung und ihren Beistand angedeihen lassen und
mich ausführlich über ihre Aufgaben und die Bedingungen
in der jenseitigen Welt unterrichtet haben: meinem Stiefvater Howard Simmons; dem Pfarrer Jewell Williams, der
mich auf meine Fähigkeiten aufmerksam gemacht hat und
mich immer noch anleitet und unterstützt; meinem liebsten
Freund aus der anderen Dimension, Bob Yarbrough, der
immer in meiner Nähe ist; meiner Freundin Pam Rosen,
Tante Jenny, Tante Helen, Tante Rosie und allen Mitgliedern meiner Familie, die sich in der Geistwelt befinden.

Dank auch an Abe, Bill C., Sally und Zada, deren Anleitung, Unterstützung und ermunternde Worte aus der jenseitigen Welt alles hier am Laufen hielten.

Am meisten jedoch danke ich meiner Mutter, Marie
Georgian Simmons, und meinem Vater, Anthony Georgian,
deren nie endende Liebe mich nach wie vor umgibt und die
mich täglich leiten und unterweisen.

Und nicht zu vergessen die vielen tausend Menschen,
die in den letzten 25 Jahren ihre Erlebnisse in bezug auf die
jenseitige Welt mit mir geteilt haben, und jene, die so
großzügig ihre Erfahrungen für dieses Buch zur Verfügung
gestellt haben: Ihnen allen spreche ich meinen tiefstemp-
fundenen Dank aus.

LITERATURVERZEICHNIS

Armstrong, Karen: *Geschichte des Glaubens. 3000 Jahre religiöse Erfahrung von Abraham bis Albert Einstein.* Droemer Knaur, München 1996

Becker, Ernest: *The Denial of Death.* The Free Press/Macmillan, New York 1973

Ben Shlomo, Rabbi Elyahu: *Return to the Source: Selected Articles on Judaism and Teshuva.* Feldheim Publishing, New York 1984

Brinkley, Dannion: *Saved by the Light.* Villard Books, New York 1994

Champdor, Albert: *Das Ägyptische Totenbuch. Vom Geheimnis des Jenseits im Reich der Pharaonen.* Herder Verlag, Freiburg 1993

Durant, Will: *Die großen Denker.* Bastei Lübbe, Bergisch Gladbach 1996

Evans-Wentz, W. Y. (Hrsg.): *Das Tibetanische Totenbuch oder Die Nachtod-Erfahrungen auf der Bardo-Stufe.* Walter-Verlag, Freiburg, 19. Auflage 1996

Georgian, Linda: *Schutz-Engel.* Wilhelm Heyne Verlag, München 1996

Haynes, C. B.: *When a Man Dies.* Herald Publishing Association, Washington 1948

Jacobs, Louis: *Hasidic Thought.* Behrman House, 1976

Kaku, Michio: *Hyperspace: Eine Reise durch den Hyperraum und die zehnte Dimension.* Byblos, Berlin 1995

Martin, Joel; Romanowski, Patricia: *We Don't Die – George Anderson's Conversations with the Other Side.* Berkley-Books, New York 1989

Medicine Eagle, Brooke: *Buffalo Woman Comes Singing.* Ballantine, New York 1991

Monroe, Robert A.: *Ultimate Journey.* Doubleday, New York 1994

Moody, Raymond A.: *Leben nach dem Tod.* Rowohlt Verlag, Reinbek 1977

Nau, Erika S.: *Selbstbewußt durch Huna. Die magische Weisheit Hawaiis.* Hugendubel, München 1989

Redfield, James: *Die Prophezeiungen von Celestine.* Wilhelm Heyne Verlag, München 1994

Tedlock, Dennis und Barbara: *Über den Rand des tiefen Canyon. Lehren indianischer Schamanen.* Diederichs, München, 8. Auflage 1994

Thoreau, Henry David: *Walden oder Leben in den Wäldern.* Diogenes Verlag, Zürich 1971

Time-Life Books: *Geheimnisse des Unbekannten. Die Suche nach der Seele.*

Viney, Geoff: *Surviving Death: Evidence of the Afterlife.* St. Martin's Press, New York 1994

Whitton, Joel L.; Fisher, Joe: *Das Leben zwischen den Leben Ein Forschungsbericht aus der Welt jenseits unserer physischen Existenz.* Goldmann Verlag, München 1990

Wolf, Fred Alan: *Die Physik der Träume. Von den Traumpfaden derAborigines bis ins Herz der Materie.* Byblos, Berlin 1995

Louise L. Hay

*»Nur wer sich selbst
akzeptiert und liebt,
kann gesund werden
und anderen
Gesundheit bringen.«*
Louise L. Hay

**Gesundheit für Körper
und Seele**
*Wie Sie durch mentales
Training Ihre Gesundheit
erhalten*
08/9542

**Das Körper- und Seele-
Programm**
*Ein Arbeitsbuch zur
mentalen Heilung*
08/9588

Wahre Kraft kommt von Innen
08/9604

**Umkehr zur Liebe, Rückkehr
zum Leben**
08/9613

Hoffnung geben, Liebe finden
*Neue Affirmationen für den
Jahresablauf*
08/9709

Du bist Dein Heiler!
Stärkende Gedanken für
jeden Tag
Meditation als Weg
08/9905

Liebe das Leben wie dich selbst
Neue Meditationen
Meditation als Weg
08/9921

Tage der Freude, Tage der Kraft
Heilgedanken und Affirmationen
Meditation als Weg
08/9922

Louise L. Hay
John C. Taylor
Die innere Ruhe finden
Meditation als Weg
08/9933

Heilung durch Glauben
08/9575

Heyne-Taschenbücher

HEYNE BÜCHER

Shakti
Gawain

08/9698

Heyne - Taschenbücher

HEYNE BÜCHER

Norman Vincent Peale

Positive Gedanken
für jeden Tag

08/9569

Heyne-Taschenbücher

HEYNE BÜCHER

Dr. Deepak Chopra

Die unendliche Kraft in uns
*Heilung und Energie von jenseits
der Grenzen unseres Verstandes*
08/9647

Dein Heilgeheimnis
*Das Schlüsselbuch zur neuen
Gesundheit*
08/9661

08/9647

08/9661

H e y n e - T a s c h e n b ü c h e r

HEYNE BÜCHER

Macht der Mythen

*Die einzigartige
Sammlung mythischer
Sagen und
Geschichten in einer
limitierten Edition*

Die Edda
*Götterdichtung,
Spruchweisheit und
Heldengesänge der
Germanen*
08/10151

Das Buch der Hopi
*Nach den Berichten der
Stammesältesten
aufgezeichnet von
weißer Bär*
08/10153

Schwarze Sonne Afrika
*Mythen, Märchen
und Magie*
08/10155

Die Helden von Thule
Isländische Sagas
08/10156

Irischer Zaubergarten
*Märchen, Sagen und
Geschichten von der grünen
Insel*
08/10157

**Auf dem Weg des
Regenbogens**
*Das Buch vom Ursprung
der Navajos*
08/10158

**Die Geschichte
Dietrichs von Bern**
08/10159

Die Völsungen-Saga
Das nordische Nibelungen-Lied
08/10160

Die Reise in die Anderswelt
*Feengeschichten und
Feenglaube in Irland*
08/10161

Diederichs bei Heyne